道路工程CAD

主　编　刘　莉
副主编　陈　略
参　编　蒋世琼　秦榜明
主　审　罗　筠

北京理工大学出版社
BEIJING INSTITUTE OF TECHNOLOGY PRESS

内 容 提 要

本书共 5 个项目,分为 12 个任务,项目一为认识 AutoCAD 2022——绘图前的准备(包括 2 个任务:认识 AutoCAD2022、辅助绘图工具),项目二为图层和图块的应用(包括 2 个任务:图层的应用、图块的应用),项目三为涵洞工程图纸的绘制(包括 3 个任务:管涵工程图纸的绘制、拱涵和盖板涵工程图纸的绘制、涵洞洞口图的标注),项目四为桥梁工程图纸的绘制(包括 2 个任务:桥梁下部结构图纸的绘制、桥梁上部结构及附属结构工程图纸的绘制),项目五为道路工程图纸的绘制(包括 3 个任务:道路土方横断面图的绘制、道路附属排水沟大样图绘制、立体交叉的绘制)。

本书可作为高等院校道路与桥梁工程技术、地下与隧道工程技术、道路养护与管理等专业的教学用书,也可供从事公路设计与施工专业人员参考。

图书在版编目(CIP)数据

道路工程CAD / 刘莉主编. -- 北京:北京理工大学
出版社,2023.8
  ISBN 978-7-5763-2838-7

  Ⅰ.①道… Ⅱ.①刘… Ⅲ.①道路工程—工程制图—
AutoCAD软件—高等学校—教材 Ⅳ.①U412.5

  中国国家版本馆CIP数据核字(2023)第167506号

责任编辑: 高雪梅		**文案编辑:** 高雪梅	
责任校对: 周瑞红		**责任印制:** 王美丽	

出版发行 / 北京理工大学出版社有限责任公司

社　　址 / 北京市丰台区四合庄路6号

邮　　编 / 100070

电　　话 / (010)68914026(教材售后服务热线)
　　　　　　 (010)68944437(课件资源服务热线)

网　　址 / http://www.bitpress.com.cn

版 印 次 / 2023年8月第1版第1次印刷

印　　刷 / 北京紫瑞利印刷有限公司

开　　本 / 787 mm × 1092 mm　1/16

印　　张 / 12

字　　数 / 290千字

定　　价 / 88.00元

前　言

本书在深入剖析道路工程专业岗位核心技能的基础上，提取典型工作任务，将绘图方法与技巧项目化、绘图内容任务化；通过发布任务、分析任务，学习相关知识与技能，演示任务，延伸思考和了解，独立完成任务和评价自己或他人的任务，总结此次学习经验几个步骤组织教学实施过程。从认知由易到难、技能由简到繁、绘图工具使用频率由多到少等角度，精选了一系列合适的、有典型代表意义的实际工程图纸作为教学案例，并将其整合为5个项目，分别为：认识AutoCAD 2022——绘图前的准备、图层和图块的应用、涵洞工程图纸的绘制、桥梁工程图纸的绘制和道路工程图纸的绘制。每个项目又细分了1~3个独立的任务，任务中包含了路线交叉、横断面、排水沟等道路路线工程图纸的绘制，也包含了桥梁、涵洞等道路重要构造物图纸的绘制；在培养学生高效、准确、完整地绘制工程图纸的同时，通过立体化的图片、视频等，增强了学生的读图、识图能力，帮助学生熟悉实际工程形体的基本构造，为以后相关课程的学习打下坚实的基础。

本书由贵州交通职业技术学院刘莉担任主编，由贵州交通职业技术学院陈略担任副主编，贵州交通职业技术学院蒋世琼、贵州省公路勘察设计院有限公司秦榜明参与编写。具体编写分工为：项目一、项目三和项目五中的任务一由刘莉编写，项目二由陈略编写，项目四蒋世琼编写，项目五中的任务二由秦榜明编写。全书由贵州交通技师学院罗筠主审。

为了让学生在课后也能进行学习，本书配备了视频教学资源，学生通过扫描书中二维码即可观看教学视频。

由于编者水平有限，加之编写时间仓促，书中疏漏之处在所难免，恳请各位读者批评指正。

编　者

目 录

项目一　认识 AutoCAD 2022——绘图前的准备

项目介绍

图纸是工程师表达设计思想的语言，也是指导施工人员施工的重要依据。如何准确、高效地绘制图纸是公路工程从业人员必须掌握的一门技术。过去手工制图的时代，设计人员不仅需要耗费大量的时间和精力来绘制图纸，而且在图纸修改和批量生成的过程中往往都会产生大量的物质耗费。现如今，随着信息技术的发展，二维或三维的专业绘图软件已经取代了过去的铅笔、图板、圆规等画图工具，使专业人员在绘制出图纸时节省了大量的时间，同时，也减少了纸张、铅笔等物资的浪费。

在众多的绘图软件中，AutoCAD 是交通行业使用最广泛的一个专业绘图工具。它具备功能强大的绘图系统，能够使设计人员轻松地绘制想要的图形或者将现有图形编辑修改为需要的形状；而且它的绘图系统建立在以点为单元的坐标系统之上，因此成图精确度高，能够满足交通行业对于图纸精度的需求。另外，它还具备完善的标注工具，能够创建符合行业或项目标准的各类标注。在图纸打印与输出方面，AutoCAD 也可以将所绘图形以不同格式通过绘图仪或打印机输出，便于技术人员之间的交流和检查。

任务一　认识 AutoCAD 2022

任务描述

某设计院承接了某高速公路设计项目，现已完成了该项目的外业勘测，进入到内业设计阶段，具体工作任务为路线及其附属设施的图纸绘制。

任务：你是该项目的设计人员之一，在正式的图纸绘制之前，你了解在 AutoCAD 2022 中如何按照制图标准设置图线属性吗？

思考 ?	思考 1：什么是 AutoCAD？它的主要功能是什么？

思考 2：AutoCAD 2022 的界面是什么样的？如何对 AutoCAD 2022 的环境进行设置？AutoCAD 2022 的命令如何调用？

思考 3：制图标准中关于图形的属性有哪些要求？

⊕ 任务分析

1. 工欲善其事，必先利其器。了解 2022 版 AutoCAD 的一些基本信息，并且掌握如何将 AutoCAD 2022 设置成我们习惯的绘图模式。

2. 了解《道路工程制图标准》中关于图线的相关规定，绘制出符合行业标准要求的图纸。

3. 了解在 AutoCAD 2022 中，在特性工具栏中如何将图线属性设置为符合规范要求的形式。

⊕ 相关知识

一、工程图纸的意义

图纸是设计师的语言，任何建筑结构物都需要依照相应的工程图纸进行施工。因此，工程图纸是工业生成过程中的一种重要技术资料，也是交流技术思想的工具。

随着科学技术的发展，不同时代绘制工程图纸的技艺与工具也在不断优化和进步。

二、中国古代制图

中国几千年的历史中创造了许多伟大的建筑，例如，蜿蜒万里的长城，建于隋代，技术同艺术完美结合的河北赵县安济桥，现存的高达 67.1 米的山西应县佛宫寺木塔，世界上现存规模最大、建筑衍生精美、保存完整的大规模建筑群北京故宫等，都是我国古代灿烂文化的重要组成部分。同现在一样，古代的匠师们在动工之前，会先绘出建筑物图样，注明尺寸，然后再做烫样（建筑模型），完成设计以后才会开始运料施工。

自秦汉起，我国已出现图样的史料记载，并能根据图样建筑宫室，如图 1-1-1 所示。宋代李诫所著的《营造法式》一书，总结了我国历史上的建筑技术成就，如图 1-1-2 和图 1-1-3 所示。

兴庆宫图拓片

图 1-1-1

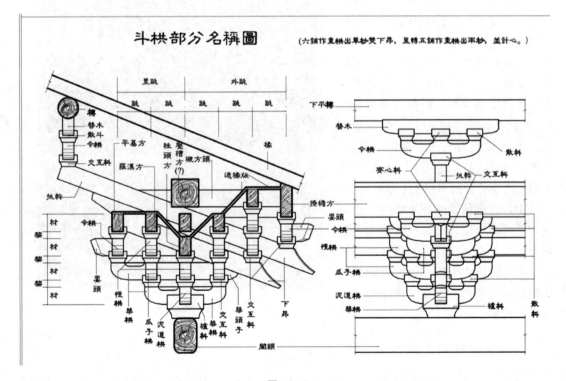

图 1-1-2

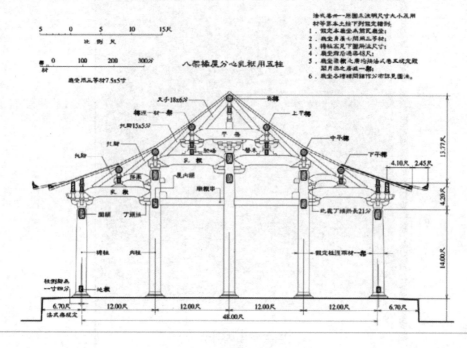

大木作制度圖樣四十七　廳堂等八架椽間縫内用梁柱側樣

八架椽屋分心乳栿用五柱

图 1-1-3

除建筑图样外，《海内华夷图》（图 1-1-4）、《禹迹图》《大明混一图》等中国古代地图则是古代中国记录大地观测、疆域开拓、政区划分、江河治理、用兵作战、城市营建、交通开辟等信息的重要资料，西晋的裴秀提出的"制图六体"原则，总结了绘制地图的六个重要元素——比例尺、方位、距离、相对高度、坡度、实地距离与平面距离换算，制图理念十分先进。

中国古代图学融合了中国古代科技与艺术的交融，是古代劳动人民的智慧结晶。它不仅提供了研究古中国风土文化的历史价值，也为现在的工程建设从美学角度和技艺角度提供了参考与借鉴。

图 1-1-4

三、现代绘图工具之 AutoCAD

随着计算机技术的飞跃发展，如今交通土建行业也基本摒弃了手工绘图，转而利用专业、高效、更节省成本的计算机绘图软件完成图纸的绘制。

AutoCAD 是美国 Autodesk 公司开发的通用计算机辅助设计软件。它的最大作用就是取代过去使用的铅笔、尺子等画图工具，成为工程设计人员新的作图工具。

1. AutoCAD 的核心功能

AutoCAD 自问世以来，已陆续推出了几十个版本。但它的核心功能始终是如下几个功能：

（1）绘图工具：AutoCAD 强大的绘图工具系统能让使用者轻松绘制直线、圆、矩形等基本图形，以及一些特殊的图形，如多段线、多线等。

（2）编辑工具：集合了 AutoCAD 对图纸进行修改的所有功能，让使用者轻松地对图形进行删除、复制、旋转等基本操作，也可对图形进行一些特殊操作，如偏移复制、阵列复制、修剪、延伸等。使用者可以利用这些编辑工具将基本图形绘制成复杂的图形。

（3）标注工具：集合了文字标注和尺寸标注，能够满足图纸所需的所有标注功能。使用该功能可以在图形的各个方向上创建各种类型的标注，也可以方便、快速地以一定格式创建符合行业或项目标准的标注。标注显示了对象的测量值，对象之间的距离、角度，或者特征与指定原点的距离。

（4）图纸输出与打印：AutoCAD 能够将图纸进行全部或者局部打印，还能将图纸以其他格式进行输出。另外，由于 AutoCAD 是矢量图形软件，图纸的尺寸大小不会影响出图的清晰度。

2. AutoCAD 2022 的界面与环境设置

（1）AutoCAD 2022 的界面。安装好 AutoCAD 2022 后，打开软件，AutoCAD 默认界面如图 1-1-5 所示。

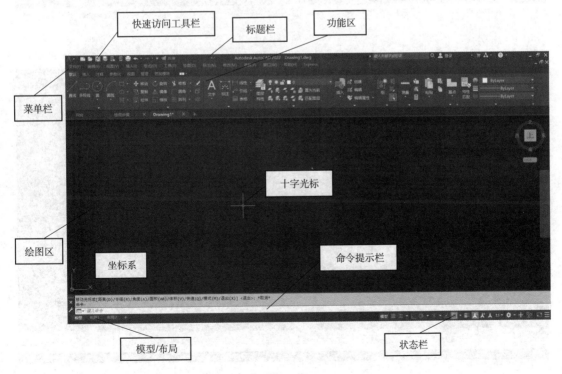

图 1-1-5

（2）界面设置。不同于 2004、2008 等经典版本，2022 版的 AutoCAD 版的界面有较大的不同，但是我们可以通过设置，将 2022 版的界面调整为经典界面的模式。

1）关闭功能区：将鼠标放到功能区任意空白位置，然后单击鼠标右键，出现如图 1-1-6 所示的快捷菜单，选择"显示选项卡"，出现一个次级菜单，如图 1-1-6 所示，凡是次级菜单中勾选的选项，就是被打开的功能区选项卡。取消勾选所有选项，即可关闭所有功能区的所有选项卡，如图 1-1-7 所示。

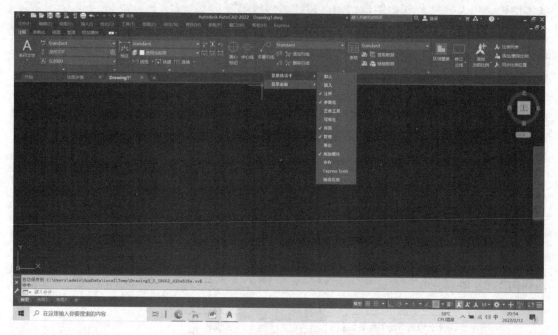

图 1-1-6

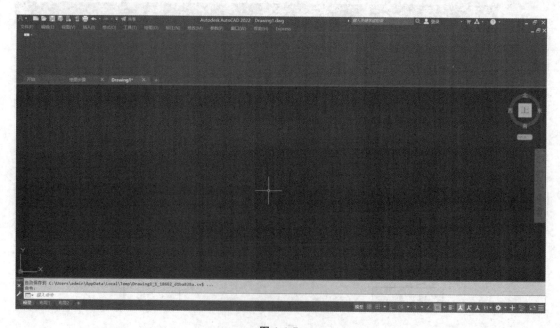

图 1-1-7

2)在功能区的三角按钮下拉菜单中，选择"最小化为选项卡"简化 AutoCAD 的界面，为后面打开工具栏留出空间，如图 1-1-8 所示。

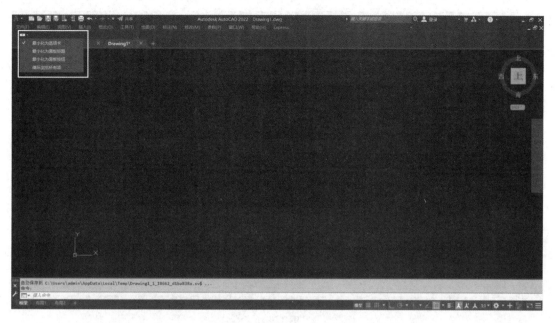

图 1-1-8

3)在"工具"菜单栏中选择"工具栏"命令，在打开的次级菜单中再选择"AutoCAD"，打开一个第三级菜单，在这个第三级菜单中，凡是被勾选的就是打开的工具栏。如图 1-1-9 所示，此时被打开的是"标准"工具栏。

图 1-1-9

以此类推，可以在第三级菜单中勾选"特性""图层""样式""绘图""修改"选项，将这几个常用的工具栏打开，如图 1-1-10 所示，将 AutoCAD 调整为我们习惯的界面。

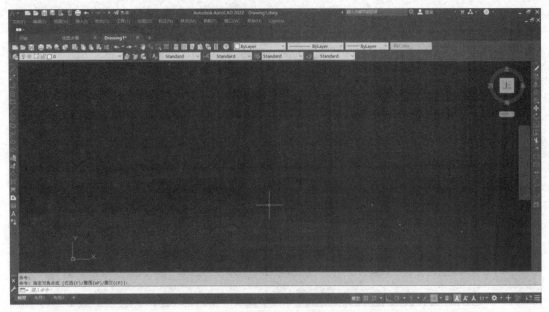

图 1-1-10

(3)环境设置。对于绘图环境，在"工具"菜单栏中选择"选项"命令，弹出"选项"对话框，如图 1-1-11 所示。

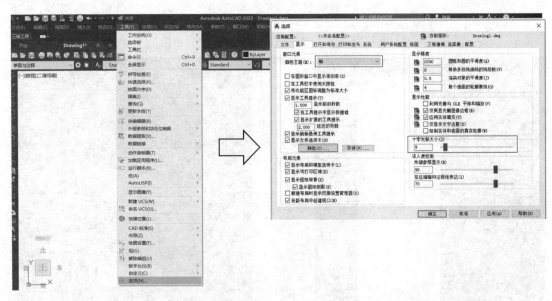

图 1-1-11

单击"显示"标签，可调整绘图环境的明和暗色调，还可以调整绘图区域的背景颜色、十字光标大小等，如图 1-1-11、图 1-1-12 所示。

(4)调用 AutoCAD 命令。要使用 AutoCAD 的绘图、修改等命令，必须先输入这些命令。而 AutoCAD 输入命令有以下 3 种最常用的方式。

图 1-1-12

1)通过选择菜单栏中各类命令集合的下拉菜单命令,如图 1-1-13 所示。如选择"绘图"菜单中的"直线"命令,即可在屏幕上绘制直线。

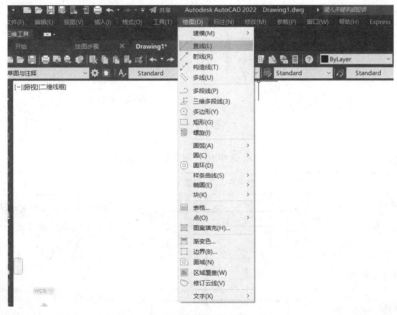

图 1-1-13

2)通过单击各类工具栏中的图标按钮,如图 1-1-14 所示。在"绘图"工具栏中单击直线的图标按钮██,即可在屏幕上绘制直线。

图 1-1-14

3)在命令提示栏中输入命令。如图 1-1-15 所示,在命令提示栏中输入直线命令"L",就可在屏幕上绘制直线。

按回车(Enter)键或 Esc 键均可结束正在执行的命令。

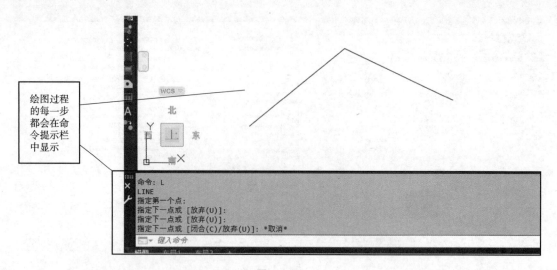

図 1-1-15

（5）在 AutoCAD 中选中图形对象。在使用修改命令和部分绘图命令时，需要选中已绘制的几何图形[被选中的几何图形，如图 1-1-16(a)所示，没有选中的几何图形如图 1-1-16(b)所示]。在 AutoCAD 中选中几何图形的常用方式，见表 1-1-1。

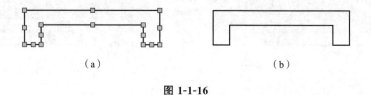

（a）   （b）

图 1-1-16

表 1-1-1　选中几何图形的常用方式

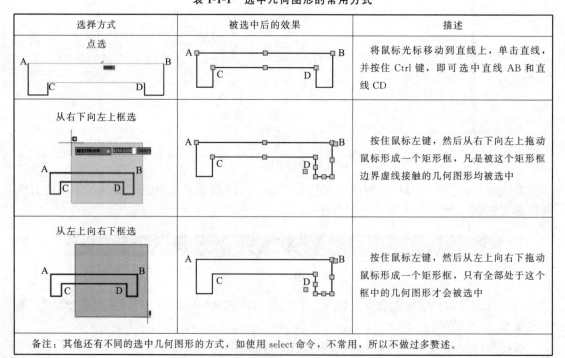

选择方式	被选中后的效果	描述
点选		将鼠标光标移动到直线上，单击直线，并按住 Ctrl 键，即可选中直线 AB 和直线 CD
从右下向左上框选		按住鼠标左键，然后从右下向左上拖动鼠标形成一个矩形框，凡是被这个矩形框边界虚线接触的几何图形均被选中
从左上向右下框选		按住鼠标左键，然后从左上向右下拖动鼠标形成一个矩形框，只有全部处于这个框中的几何图形才会被选中
备注：其他还有不同的选中几何图形的方式，如使用 select 命令，不常用，所以不做过多赘述。		

四、道路工程制图标准中关于图形属性的要求

绘制图纸需依据《道路工程制图标准》(GB 50162—1992)，如图 1-1-17 所示。将不同含义的图形设置为不同的属性。标准中对于图线线型、线宽的使用要求如下：

(1)图线的宽度(b)应从 2.0、1.4、1.0、0.7、0.5、0.35、0.25、0.18、0.13(mm)中选取。

(2)每张图上的图线线宽不宜超过 3 种。基本线宽(b)应根据图样比例和复杂程度确定。线宽组合宜符合表 1-1-2 的规定。

(3)图纸中常用线型及线宽应符合表 1-1-3 的规定。

(4)虚线的每条线长度应相等，线之间的间距也应相等，间隔距离在 1~1.5 mm。

(5)相交图线的绘制应符合下列规定：

1)当虚线与虚线或虚线与实线相交接时，不应留空隙。

2)当实线的延长线为虚线时，应留空隙。

3)当点画线与点画线或点画线与其他图线相交时，交点应设在线段处。

(6)图线间的净距不得小于 0.7 mm。

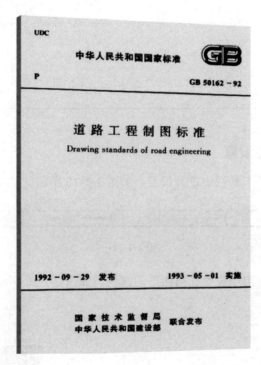

图 1-1-17

表 1-1-2 常用线宽

线宽类别	线宽系列/mm				
b	1.4	1.0	0.7	0.5	0.35
$0.5b$	0.7	0.5	0.35	0.25	0.25
$0.25b$	0.35	0.25	0.18(0.2)	0.13(0.15)	0.13(0.15)

表 1-1-3　常用线型及线宽

名称	线型	线宽
加粗粗实线		$1.4\sim2.0b$
粗实线		b
中粗实线		$0.5b$
细实线		$0.25b$
粗虚线		b
中粗虚线		$0.5b$
细虚线		$0.25b$
粗点画线		b
中粗点画线		$0.5b$
细点画线		$0.25b$
粗双点画线		b
中粗双点画线		$0.5b$
细双点画线		$0.25b$
折断线		$0.25b$
波浪线		$0.25b$

五、图线属性如何设置

图线属性可在"特性"工具栏中进行设置，如图 1-1-18 所示。

图 1-1-18

"特性"工具栏第一项用于设置几何图形的颜色，如图 1-1-19 所示。

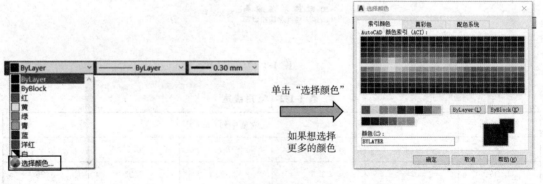

单击"选择颜色"

如果想选择
更多的颜色

图 1-1-19

"特性"工具栏第二项用于设置几何图形的线型，如图 1-1-20 所示。

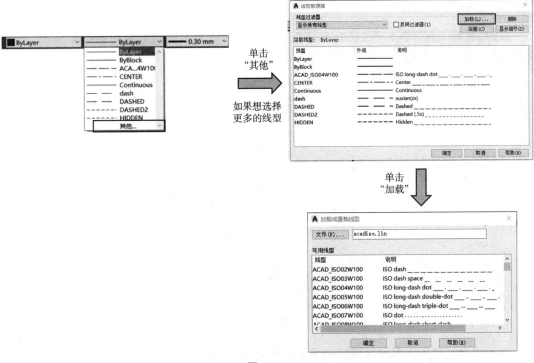

图 1-1-20

"特性"工具栏第三项用于设置几何图形的线宽，如图 1-1-21 所示。

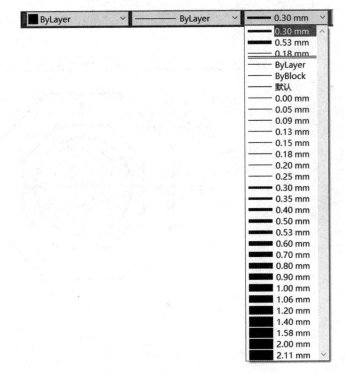

图 1-1-21

　　按照《道路工程制图标准》(GB 50162—1992)，修改桥墩基顶平面图的图线属性，并将中轴线颜色设置为红色，其余轮廓线的颜色设置为蓝色，如图 1-1-22 所示。

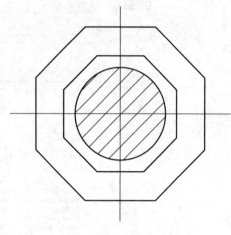

图 1-1-22

　　修改桥墩基顶平面图图线属性的实施步骤见表 1-1-4。

表 1-1-4　任务实施

序号	实施步骤	具体操作
1	设置线宽	（1）根据《道路工程制图标准》(GB 50162—1992)，轮廓线线宽可设置为 0.35 mm 的中粗线，如图 1-1-23 所示。 ■ ByLayer ∨ ── Continuous ∨ ── 0.35 mm ∨ ByColor ∨ 图 1-1-23

序号	实施步骤	具体操作
1	设置线宽	(2)中轴线和图例线线宽应为 0.18 mm 的细线，如图 1-1-24 所示。 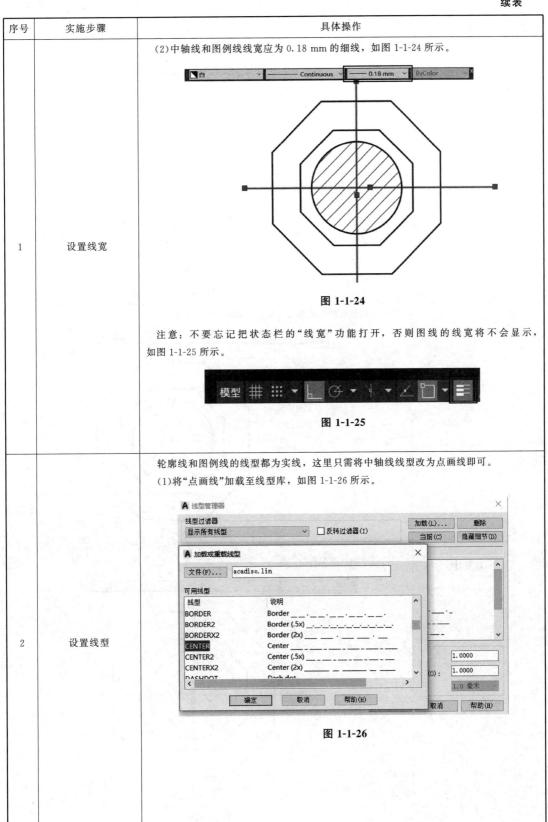 图 1-1-24 注意：不要忘记把状态栏的"线宽"功能打开，否则图线的线宽将不会显示，如图 1-1-25 所示。 图 1-1-25
2	设置线型	轮廓线和图例线的线型都为实线，这里只需将中轴线线型改为点画线即可。 (1)将"点画线"加载至线型库，如图 1-1-26 所示。 图 1-1-26

序号	实施步骤	具体操作
2	设置线型	(2)将中轴线的线型修改为点画线即可，如图 1-1-27 所示。 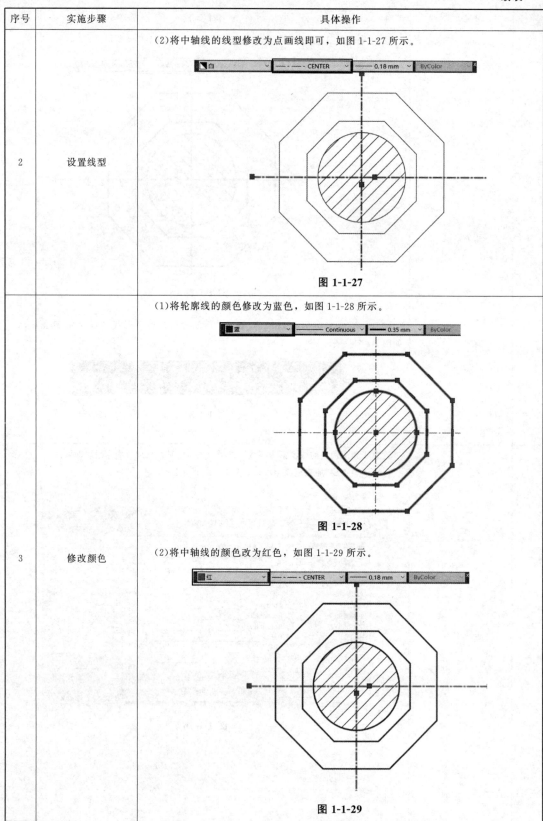 图 1-1-27
3	修改颜色	(1)将轮廓线的颜色修改为蓝色，如图 1-1-28 所示。 图 1-1-28 (2)将中轴线的颜色改为红色，如图 1-1-29 所示。 图 1-1-29

序号	实施步骤	具体操作
4	本节内容可扫码观看教学演示视频，见二维码	彩图 1-1-23～彩图 1-1-29

![任务训练] **任务训练**

打开 AutoCAD 2022 将其界面设置为如图 1-1-30 中的模式，并在绘图区画一个任意大小的圆。将这个圆的线宽设置为 0.4 mm，线型设置为虚线，颜色设置为洋红。任务工单见表 1-1-5。

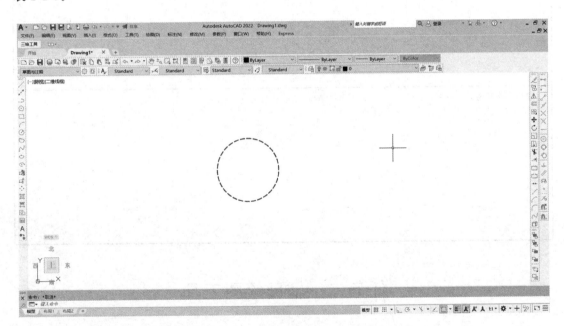

图 1-1-30

表 1-1-5 任务工单——AutoCAD 2022 绘图环境设置

本次课堂实践项目	AutoCAD 2022 绘图界面设置		
班级：	姓名：	学号：
成果		

评分（100 分）				
1	菜单栏、背景主题，绘图背景颜色设置正确，错误一处扣 10 分		配分	得分
			20 分	
2	图中的工具栏都打开，少打开一个扣 5 分		配分	
			30 分	
3	图线属性按照要求进行设置，设置错误一处扣 10 分		配分	
			30 分	
4	10 分钟内完成所有设置，每超时 1 分钟扣 3 分		配分	
			20 分	
总分				
总结与反思				

与同学讨论 AutoCAD 2022 界面设置、图形属性设置的使用心得：

总结本次任务：

任务二　辅助绘图工具

🎯 **任务描述**

某设计院承接了某高速公路设计项目，现已完成了该项目的外业勘测，进入到内业设计阶段，在正式进行图纸绘制之前，还需要做好相应的一些准备工作，以实现精确、高效的作图目的。

任务：你是该项目的设计人员之一，你了解需要哪些工具能让你高效、精确地绘制图纸吗？在绘图之前，需要先把图框和标高符号先绘制出来，你知道该如何绘制吗？

思考	思考1：AutoCAD 精确作图的工具有哪些？
	思考2：AutoCAD 辅助作图的工具有些？
	思考3：AutoCAD 2022 的坐标系统是什么样的？如何输入坐标？

任务分析

1. AutoCAD 实现精确作图的工具有栅格、捕捉和对象捕捉工具。

2. AutoCAD 辅助作图的工具有平移工具、视图缩放工具及状态栏中的一系列功能开关。

3. AutoCAD 2022 采用世界坐标系。用好 AutoCAD 的坐标将会使作图既准确又高效。

相关知识

一、精确作图的工具

1. 栅格

栅格类似于手绘所使用的坐标图纸。栅格功能打开时，绘图区呈现的状态类似坐标图纸。

状态栏中的"栅格"按钮 ▦ 是打开或关闭栅格功能的开关，键盘中的 F7（或者 Fn＋F7）键也是打开或关闭栅格功能的开关，如图 1-2-1 所示。

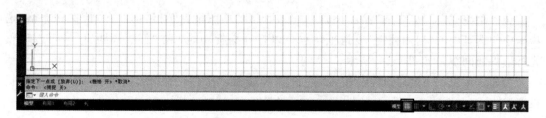

图 1-2-1

选择菜单栏"工具"中的"绘图设置"命令，打开"草图设置"对话框。在"捕捉和栅格"选项卡中勾选其中的"启用栅格"复选框，也可以打开栅格功能，在"栅格间距"区域可以调整栅格的间距，如图 1-2-2 所示。

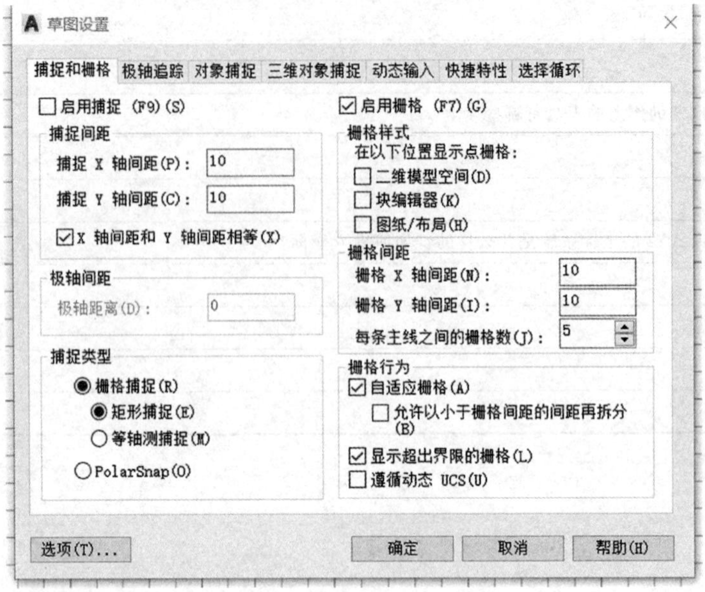

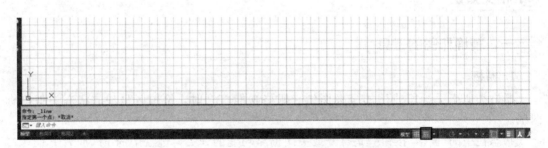

图 1-2-2

2. 捕捉

"捕捉"功能打开以后，可以捕捉每个栅格节点。

状态栏中的"捕捉"按钮 是打开或关闭捕捉功能的开关，F9（或者 Fn＋F9）键也是打开或关闭栅格功能的开关，如图 1-2-3 所示。

图 1-2-3

选择菜单栏"工具"中的"绘图设置"命令，打开"草图设置"对话框。在"捕捉和栅格"选项卡中勾选其中的"启用捕捉"复选框，也可以打开捕捉功能，在"捕捉间距"区域可以调整光标捕捉的间距，如图 1-2-4 所示。

另外，单击状态栏中"捕捉"按钮旁边的下拉按钮，在打开的次级菜单栏中，选择"捕捉设置"选项，如图 1-2-5 所示，同样可以打开"草图设置"对话框。

3. 对象捕捉

图形绘制的过程中时常要捕捉一些特殊的点，如直线的中点、圆的圆心、切点和象限点、垂足、直线的端点等，这些都需要使用到对象捕捉功能。

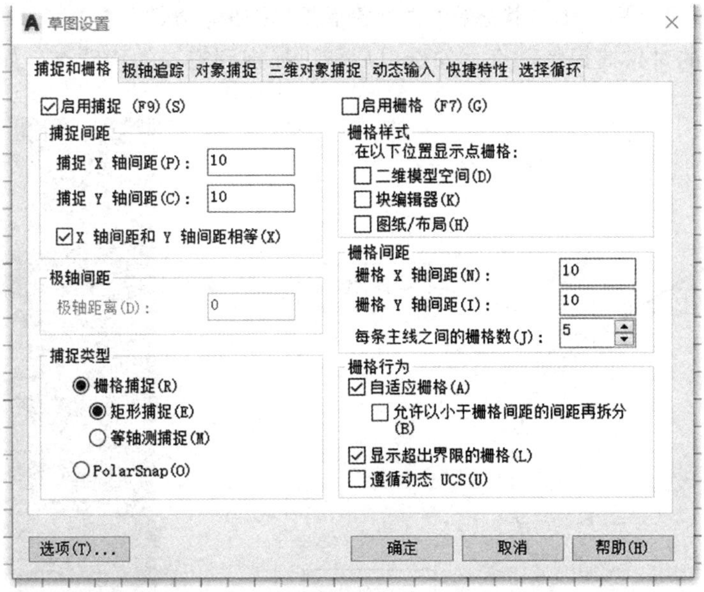

图 1-2-4

（1）对象捕捉的设置。状态栏中的"对象捕捉"按钮 是打开或者关闭对象捕捉功能的开关，按 F3（或者 Fn＋F3）键也可以打开或者关闭对象捕捉功能。

但是只打开对象捕捉功能未必能捕捉到想要的特殊点。要捕捉到想要的特殊点，必须在对象捕捉设置中勾选需要捕捉的特殊点。操作过程如下：

图 1-2-5

选择菜单栏"工具"中的"绘图设置"命令，打开"草图设置"对话框，选择"对象捕捉"选项卡。其中凡是勾选的，就是能够捕捉到的特殊点，如"中点""圆心"等被勾选，则绘图时可捕捉到"中点""圆心"等特殊点；而"垂足"没有被勾选，绘图时则无法捕捉到垂足，如图 1-2-6 所示。例如图 1-2-7 中捕捉到圆的切点、圆心。

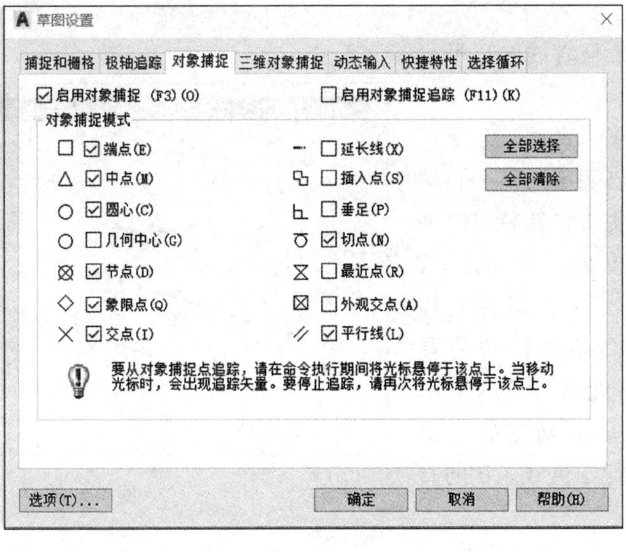

图 1-2-6

（2）对象捕捉状态栏。单击状态栏中"对象捕捉"按钮旁边的下拉按钮，打开的次级菜单也可以设置需要的对象捕捉特殊点。勾选以后即可捕捉到需要的特殊点，如图 1-2-8 所示。

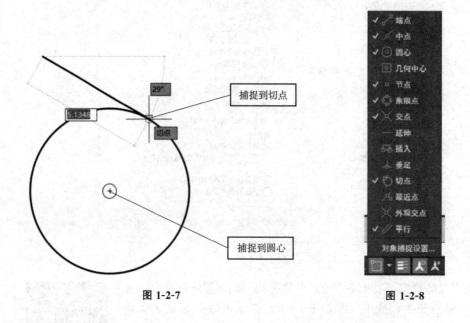

图 1-2-7   图 1-2-8

（3）对象捕捉工具栏。对象捕捉工具栏也可以捕捉需要的特殊点，如图 1-2-9 所示。

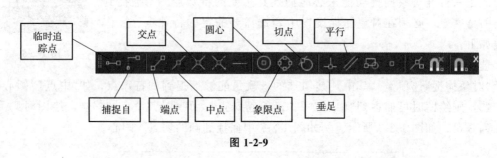

图 1-2-9

例如，绘制一条与直线 AB 平行的直线。

绘制过程：选择"直线"命令→光标在屏幕上确定直线的一个端点→单击"对象捕捉"工具栏中"平行"按钮→光标先放在直线 AB 上，确定平行的对象→光标在屏幕上移动，寻找到与直线 AB 平行的位置时，会出现一条高光显示的虚线，这时只需沿着这条虚线确定另一个端点，即做出了平行于直线 AB 的直线，如图 1-2-10 所示。

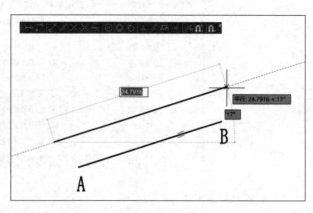

图 1-2-10

二、其他辅助绘图工具

1. 正交工具

要绘制水平直线或者垂直直线，需要打开状态栏中的"正交"按钮■■。"正交"功能一旦打开，使用直线类命令绘制直线时，就可以轻松地绘制水平或垂直直线。

2. 视图工具

AutoCAD 图形是矢量图形，因此观察 AutoCAD 图形时，可以将视图窗口任意放大或者缩小。

（1）视图窗口放大或者缩小工具。放大或者缩小视图窗口的方式有以下几种：

1）最简单的方法是滚动鼠标中间的滚轮。

2）单击工具栏中"实时缩放"按钮■■，在绘图区，按住鼠标左键拖动鼠标，也可以缩放视图窗口。

3）选择菜单栏中的"缩放"命令［图 1-2-11（a）］或者单击工具栏中的"窗口缩放"按钮［图 1-2-11（b）］也可以进行视图窗口缩放。

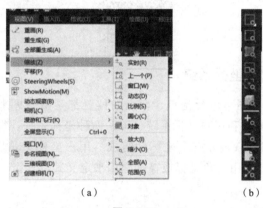

（a） （b）

图 1-2-11

（2）平移工具。视图窗口放大时，可能会有部分几何图形无法完整地在视图窗口中显示出来，这时就需要用到平移工具。平移的方式有以下几种：

1）最方便的方法是使用工具栏中的"平移"按钮■。

2）选择"视图"菜单栏中的"平移"命令，也可以进行视图窗口的平移，如图 1-2-12 所示。

使用平移工具，显示出完整的图形，如图 1-2-13 所示。

图 1-2-12

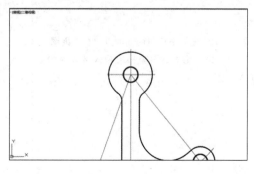

图 1-2-13

单击工具栏中的"平移"按钮🖐，然后按住鼠标左键，向上拖动视图窗口即可，如图 1-2-14 所示。

注意：按 Esc 键可退出平移功能。

提问：使用绘图命令的同时能够使用"平移"和"窗口缩放"功能吗？

小技巧：(1) 平移命令和缩放命令都是透明命令，即在执行其他命令时，可插入执行平移命令或缩放命令，缩放命令或平移命令执行结束后，可继续执行刚才的命令。

(2) 按空格 (Space) 键，可重复执行上一次使用的命令。

(3) 辅助命令的相关内容，可扫码观看教学演示视频，见二维码。

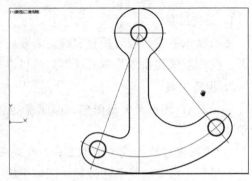

图 1-2-14

三、AutoCAD 2022 坐标系统

AutoCAD 图形的最小图形单元是点，而点的位置都是由坐标来确定的。在 AutoCAD 中，有世界坐标系统 (WCS) 和用户坐标系统 (UCS) 两种坐标系统。世界坐标系是 AutoCAD 自带的基本坐标系，由 X、Y、Z 三个坐标轴组成。用户坐标系是用户自己建立的坐标系统。对于一个点来说，可使用直角坐标或极轴坐标来定义其位置。

1. 直角坐标

直角坐标的说明见表 1-2-1。

表 1-2-1　直角坐标

(1) 绝对直角坐标	
以原点 (0，0) 为输入坐标值的基准点，在二维图形中 Z=0，用户采用绝对直角坐标的输入格式为"X、Y"，如 A 点坐标 (30，50)，如图 1-2-15 所示	30 A 50 Y O X 图 1-2-15

(2)相对直角坐标	
以上一个点作为参照点，输入点的坐标值是以前一点为基准确定的，在二维图形中，用户采用相对直角坐标的输入格式为"@X、Y"。 如 B 点为 A 点的下一点，B 点的相对直角坐标为@50，30，如图 1-2-16 所示	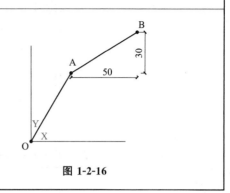 图 1-2-16

2. 极轴坐标

极轴坐标的说明见表 1-2-2。

表 1-2-2　极轴坐标

(1)绝对极轴坐标	
以原点(0，0)为参照，输入相对极点的距离和角度来确定。输入格式为：距离<角度，其中距离为点到原点的距离，角度为点与原点的连线与 X 轴的夹角的角度，如 A 点极轴坐标(25<30)，如图 1-2-17 所示	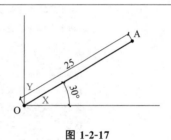 图 1-2-17
(2)相对极轴坐标	
将上一个点作为新原点，输入相对于前一点的距离和偏转角度来定位。相对极轴坐标中的距离是点与上一个点之间的距离，角度为点与上一个点连线与 X 轴的夹角的角度，输入格式为：@距离<角度。 如 B 点为 A 点的下一点，B 点的相对直角坐标为@50<60，如图 1-2-18 所示	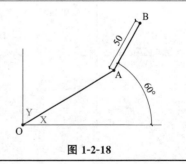 图 1-2-18

⊕ **任务实施**

一、绘制图框

利用正交工具，直角坐标绘制图框，如图 1-2-19 所示。

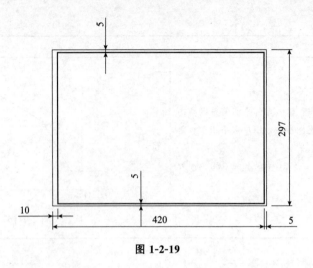

图 1-2-19

绘制图框实施步骤见表 1-2-3。

表 1-2-3 绘制图框实施步骤

序号	实施步骤	具体操作
1	绘制外面的图幅	使用直线命令绘制图幅的四条边,这里可以把状态栏中的"正交" ![]功能打开,方便绘制水平线与垂直线。具体过程如下: 命令:_line 指定第一个点: 指定下一点或[放弃(U)]:420　　　　　　　//绘制直线 AB【1】 指定下一点或[放弃(U)]:297　　　　　　　//绘制直线 BC 指定下一点或[闭合(C)/放弃(U)]:420　　　//绘制直线 CD 指定下一点或[闭合(C)/放弃(U)]:297　　　//绘制直线 DA 指定下一点或[闭合(C)/放弃(U)]: 结果如图 1-2-20 所示 图 1-2-20 【1】:"∥"后的文字为对该命令执行情况的注释,在命令提示栏中并不显示,以后皆同,不再做解释

序号	实施步骤	具体操作
2	绘制图幅内的图框	(1)需要先确定图框的起点位置，这里可以使用相对直角坐标获取图框的起点位置。过程如下： 命令：_ line 指定第一个点：　　　　　　//打开"对象捕捉"功能，捕捉选中 A 点 指定下一点或[放弃(U)]：@10，5　　//输入相对坐标@10，5 指定下一点或[放弃(U)]：↙　　//获取到起点 E 点 结果如图 1-2-21 所示。 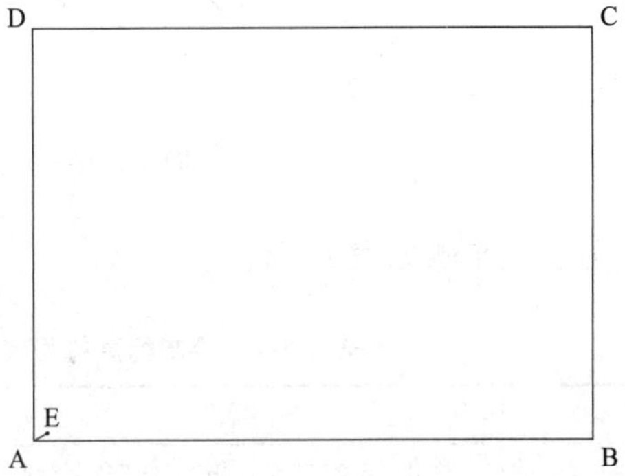 图 1-2-21 (2)通过尺寸计算，可知图框的长是 405 mm，宽是 287 mm。那么从 E 点出发，按照步骤 1 中画图幅四条边的方法，可绘制图框的四条边。结果如图 1-2-22 所示  图 1-2-22
3	图框绘制的具体操作，可扫码观看教学演示视频，见二维码	

二、绘制标高符号

利用正交工具，对象捕捉极轴坐标绘制标高符号，如图 1-2-23 所示。

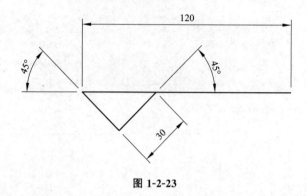

图 1-2-23

绘制标高符号实施步骤见表 1-2-4。

表 1-2-4　绘制标高符号实施步骤

序号	实施步骤	具体操作
1	绘制水平线	打开"正交"功能，用"直线"命令绘制水平线，具体过程如下： 命令：_line 指定第一个点： 指定下一点或[放弃(U)]：　＜正交开＞120 指定下一点或[放弃(U)]：↙ 结果如图 1-2-24 所示 B　　　　　　　　　　　C 图 1-2-24
2	绘制标高符号的 另外两条边	关闭"正交"功能，用相对极轴坐标绘制标高符号的另外两条边。具体过程如下： 命令：L LINE 指定第一个点：　　　　　　　　//打开"对象捕捉"功能，捕捉选中 B 点 指定下一点或[放弃(U)]：@30＜-45　//绘制直线 BA 指定下一点或[放弃(U)]：@30＜45　//绘制直线 AD 指定下一点或[闭合(C)/放弃(U)]：↙ 结果如图 1-2-25 所示 B　　　　D　　　　C A 图 1-2-25

序号	实施步骤	具体操作
3	标高绘制的具体操作，可扫码观看教学演示视频，见二维码	

任务训练

用相对坐标和直线命令绘制粗糙度符号，如图 1-2-26 所示。任务工单见表 1-2-5。

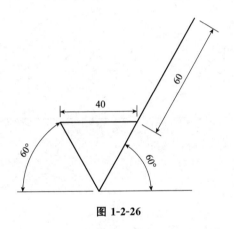

图 1-2-26

表 1-2-5　任务工单——绘制粗糙度符号

本次课堂实践项目	绘制粗糙度符号	
班级：	姓名：	学号：
画图前先思考	这里需要用到的是相对坐标：	
相对坐标	请填写将要输入的相对坐标值： 1. _____ 2. _____ 3. _____	
成果		

		评分（100分）		
1	相对坐标值正确，错误一个扣10分		配分	得分
			30分	
2	图纸绘制完整准确，错误一处扣5分，扣完为止		配分	
			40分	
3	图线按照规范要求绘制，没有按规范要求绘制一处扣5分，扣完为止		配分	
			20分	
4	10分钟内完成该图纸，每超时1分钟扣3分		配分	
			10分	
		总分		
		总结与反思		

与同组同学讨论，相对直角坐标与相对极轴坐标在绘图中的使用心得：

总结本次任务：

项目二 图层和图块的应用

知识目标： 了解画图的步骤，理解 AutoCAD 图层的意义，理解绘图时创建图层的原因。
技能目标： 熟练掌握 AutoCAD 的创建图层和图块、管理图层、编辑图层和图块等功能。
素质目标： 强化思考能力，提升观察能力。

在绘制图纸时，灵活运用 AutoCAD 提供的一些辅助功能，能大大提高绘图的效率，减少设计人员的无效操作。而图层和图块都是通过预先设置，减少设计人员在绘图时反复做同样操作，帮助设计人员提高绘图效率的工具。用好这两个工具不仅能够提高绘图的速度，还能在管理和编辑图形时，得到有效的编辑修改。

（1）图层。图层就类似一张张透明的纸；绘制图纸时，可将不同内容、属性、功能等不同涵义的图形画在不同的图层中，完整图形就是所有图层的图形对象叠加在一起的内容。如绘制空心板断面图时，设置两个图层，如图 2-0-1 所示。

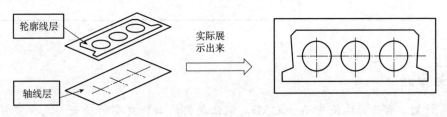

图 2-0-1

（2）图块。在 AutoCAD 中，一组图形中的每个图形对象都是独立的，但是如果把这组图形对象定义为图块，那么它们就成为一个图形对象。对于图块来说，选中图块中任意一个图形，就选中了这个图块的所有图形，如图 2-0-2 所示。设计人员可根据自己的需要，将图块插入到图中任意位置，也可保存以后，在其他图形文件中调用。

图 2-0-2

任务一　图层的应用

⊕ 任务描述

　　某设计院承接的某高速公路设计项目，现已完成了前期的勘测工作，准备正式进入到施工图设计阶段。为了保证后期便于对图纸的修改和编辑，在正式绘制图纸之前，需要完成一些准备工作。

　　任务： 你负责该项目的路线设计部分，在正式绘制路线工程图之前，你知道该如何为路线纵断面图建立图层，并使用图层管理高效地编辑图形吗？

思考 ❓	思考1：使用 AutoCAD 绘图前的准备有哪些？
	思考2：使用 AutoCAD 2022 如何创建图层？
	思考3：纵断面图包含哪些内容？

⊕ 任务分析

　　1. 有计划、有目标地使用 AutoCAD，能让我们的工作更有的放矢，减少盲目的无用操作。

　　2. 路线纵断面图创建图层——掌握使用 AutoCAD 创建图层的操作。

　　3. 管理路线纵断面图图层——掌握使用图层管理工具，达到快速编辑图形的目的。

⊕ 相关知识

一、绘图前的准备

　　(1)熟悉图纸。对即将要绘制的图纸进行分析，对图纸所包含的绘图元素，所用到的绘图比例等内容进行理解和分析。

　　(2)将 AutoCAD 的绘图界面设置为方便或习惯的作图的绘图环境，例如，将光标设置为合适的大小，将常用的或者将要用到的工具栏打开等。

(3)绘图步骤如图 2-1-1 所示。

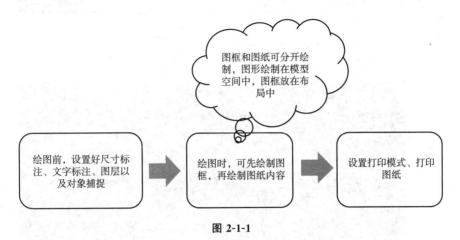

图 2-1-1

二、创建图层

(1)首先，在 AutoCAD 中打开图层工具栏，如图 2-1-2 所示。

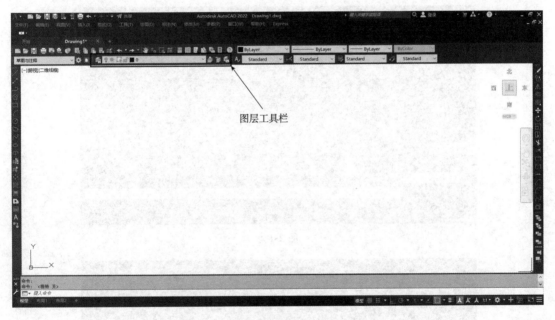

图 2-1-2

(2)单击图层工具栏中的"图层特性管理器"图标，从中可对图层进行管理操作，如图 2-1-3 所示。

注意：图中 0 号图层是系统自动创建的默认图层。

(3)单击"新建图层"图标，图层管理器中自动生成一个新图层，系统默认名称为"图层 1"，如图 2-1-4 所示。可修改图层名称为"轮廓线"，如图 2-1-5 所示。

以此类推，可以将所需的图层都创建出来。

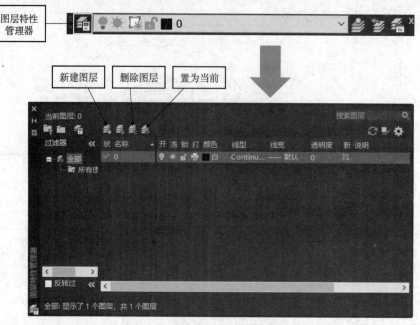

图 2-1-3

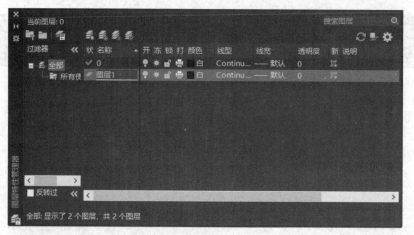

图 2-1-4

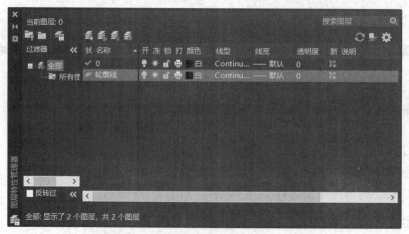

图 2-1-5

（4）创建好图层后，可以对该图层进行图线属性的设置，如图 2-1-6 所示。

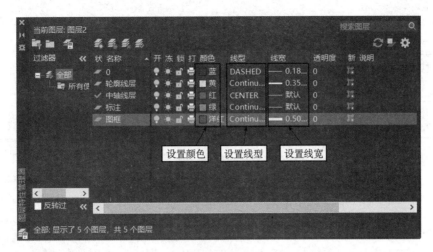

图 2-1-6

三、路线纵断面图

完整的路线纵断面除必须有图框外，主要包含纵断面设计图的图样和数据资料表两部分，如图 2-1-7 所示。

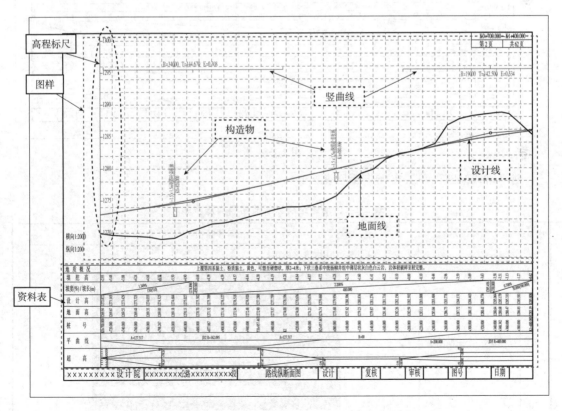

图 2-1-7

一、创建路线纵断面图层

为路线纵断面创建图层，如图 2-1-8 所示。

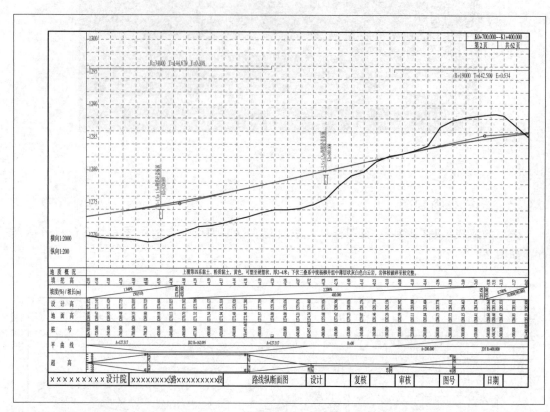

图 2-1-8

创建路线纵断面图层实施步骤见表 2-1-1。

表 2-1-1　创建路线纵断面图层实施步骤

序号	实施步骤	具体操作
1	创建一个图框图层	创建图框层，如图 2-1-9 所示。 图 2-1-9

序号	实施步骤	具体操作
1	创建一个图框图层	图框层的线宽虽然设置为粗 0.53 mm，但在实际绘制时可以单独将图幅和角标的图线设置为线宽 0.18 mm 的细实线
2	根据路线纵断面所包含的内容，可知图样部分至少需要 5 个图层	设置图样部分。图样部分包含的内容有构造物、地面线、设计线、竖曲线、高程标尺，可分别设置图层，如图 2-1-10 所示。 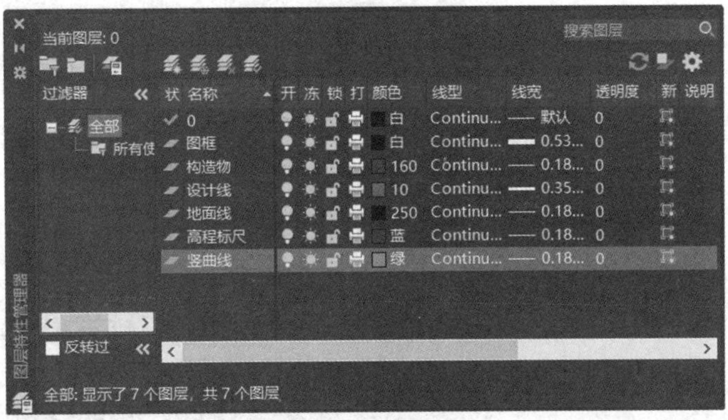 图 2-1-10
3	创建资料表部分图层	资料表部分的图层可只创建一个图层，也可按资料表的内容创建多个。这里创建两个，一个是资料表层，一个是桩号层，如图 2-1-11 所示。 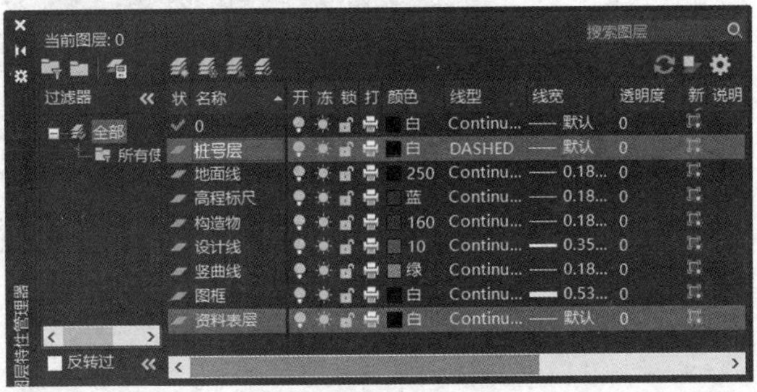 图 2-1-11

二、图层的管理

将图 2-1-8 所示的纵断面图中竖曲线修改为更显眼的红色，并将图样中的网格颜色修改为浅蓝色。具体实施步骤见表 2-1-2。

表 2-1-2　图层管理实施步骤

序号	实施步骤	具体操作
1	修改竖曲线的颜色	有三种方法可以快速地进行竖曲线颜色的修改。 方法一：打开图层管理器，将竖曲线的图层设置为红色，如图 2-1-12 所示。

序号	实施步骤	具体操作
1	修改竖曲线的颜色	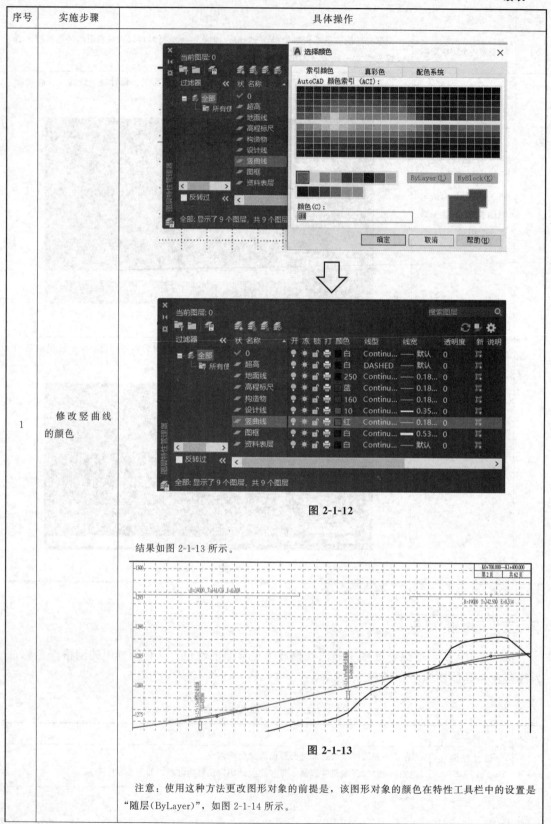 图 2-1-12 结果如图 2-1-13 所示。 图 2-1-13 注意：使用这种方法更改图形对象的前提是，该图形对象的颜色在特性工具栏中的设置是"随层（ByLayer）"，如图 2-1-14 所示。

序号	实施步骤	具体操作
1	修改竖曲线的颜色	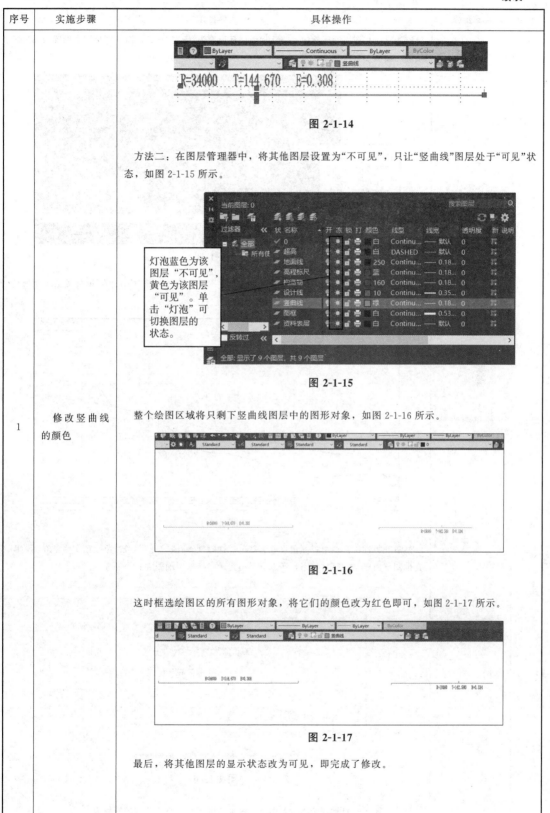

图 2-1-14

方法二：在图层管理器中，将其他图层设置为"不可见"，只让"竖曲线"图层处于"可见"状态，如图 2-1-15 所示。

灯泡蓝色为该图层"不可见"，黄色为该图层"可见"。单击"灯泡"可切换图层的状态。

图 2-1-15

整个绘图区域将只剩下竖曲线图层中的图形对象，如图 2-1-16 所示。

图 2-1-16

这时框选绘图区的所有图形对象，将它们的颜色改为红色即可，如图 2-1-17 所示。

图 2-1-17

最后，将其他图层的显示状态改为可见，即完成了修改。

序号	实施步骤	具体操作
1	修改竖曲线的颜色	方法三：在图层管理器中，将其他图层都设置为"锁定"状态，而"竖曲线"层设置为"解锁"状态，如图 2-1-18 所示。 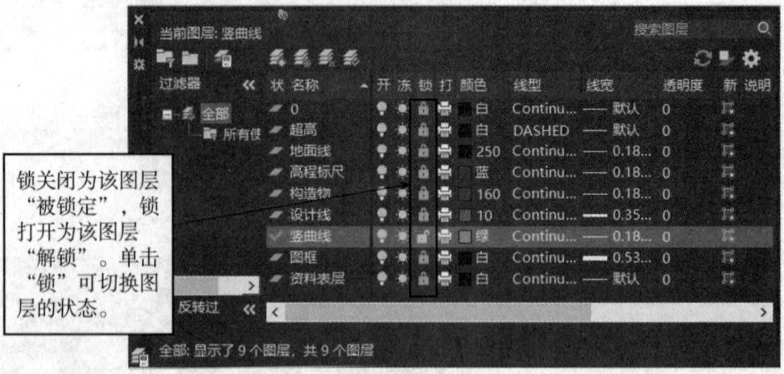 锁关闭为该图层"被锁定"，锁打开为该图层"解锁"。单击"锁"可切换图层的状态。 图 2-1-18 图层一旦被锁定，将无法修改图层上的图形对象。因此，按"Ctrl＋A"组合键选中所有图形对象，如图 2-1-19 所示。 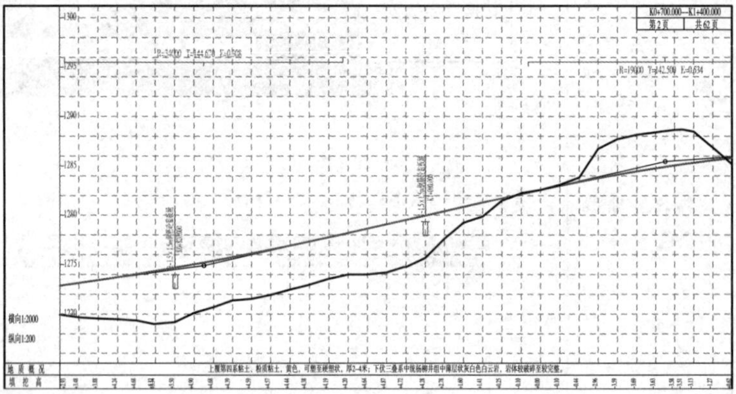 图 2-1-19 然后在特性工具栏中将颜色设置为红色。这时"竖曲线"层的图形对象颜色变为了红色，而其他图层由于是"锁定"状态，所以会弹出提示对话框，如图 2-1-20 所示。 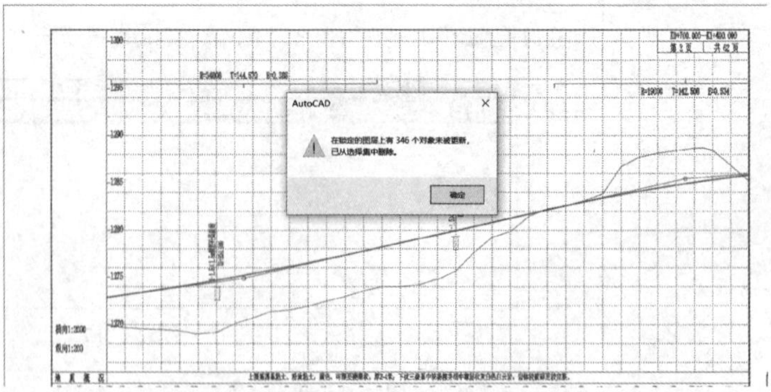 图 2-1-20 注意：图层一旦被锁定以后，图层上的所有图形对象将不能被编辑修改

序号	实施步骤	具体操作
2	修改图样中的网格	网格是在0号图层，除可以使用修改竖曲线颜色的方法一和方法二来修改网格的颜色外，这里再介绍两种可以进行快速选择和修改的方法。 方法一：利用冻结方式，修改网格的颜色。在图层管理器中，将除0号图层外的其他图层都设置为冻结状态，如图2-1-21所示。 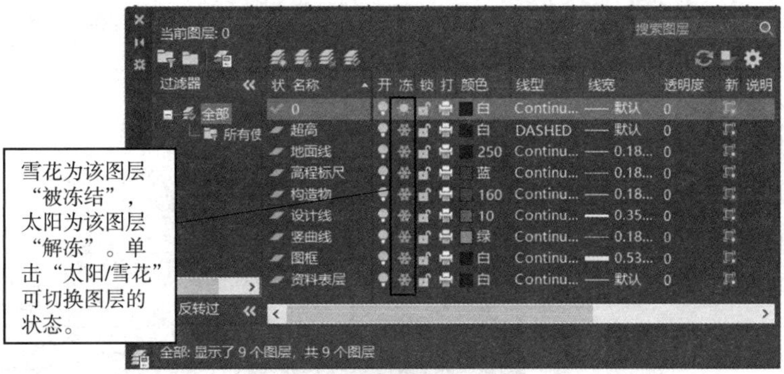 图 2-1-21 调整了各图层的状态以后，绘图区域内将只有0号图层的图形显示，如图2-1-22所示。 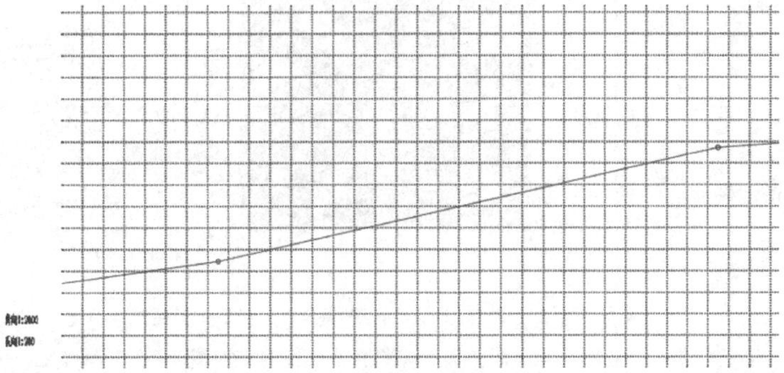 图 2-1-22 这时再用框选，将所有网格选中，在"特性"工具栏中修改颜色即可，如图2-1-23所示。 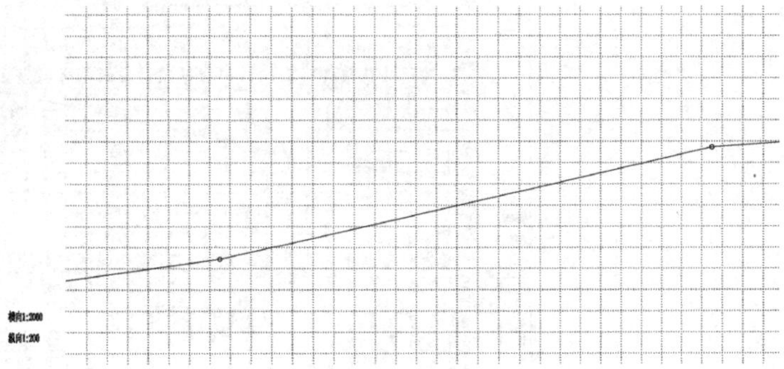 图 2-1-23

序号	实施步骤	具体操作
2	修改图样中的网格	注意：不能冻结当前图层。 方法二：在"修改"菜单栏中选中"特性"命令，打开"对象特性"管理器，单击上面的"快速选择"按钮，在打开的对话框中，将"对象类型"设置为"直线"，"特性"选择"图层"，"值"选择"0"代表 0 号图层，如图 2-1-24 所示。 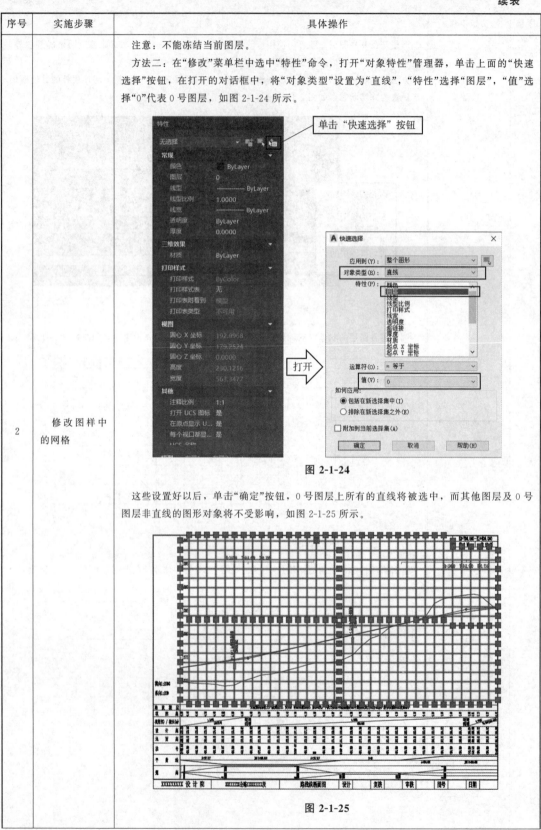 图 2-1-24 这些设置好以后，单击"确定"按钮，0 号图层上所有的直线将被选中，而其他图层及 0 号图层非直线的图形对象将不受影响，如图 2-1-25 所示。 图 2-1-25

序号	实施步骤	具体操作
2	修改图样中的网格	这时，就能很轻易地将所有网格改为浅蓝色了，如图 2-1-26 所示 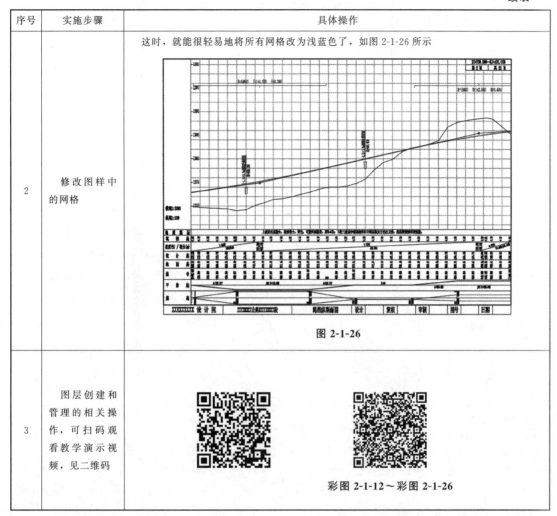 图 2-1-26
3	图层创建和管理的相关操作，可扫码观看教学演示视频，见二维码	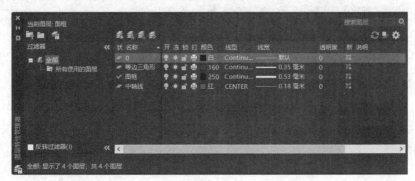 彩图 2-1-12～彩图 2-1-26

任务训练

创建图 2-1-27 中的图层，并把图 2-1-28 中的图形对象及图框绘制到相应的图层中。任务工单见表 2-1-3。

图 2-1-27

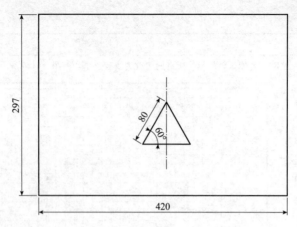

图 2-1-28

表 2-1-3 任务工单——图层的创建与管理

本次课堂实践项目	图层的创建与管理		
班级：	姓名：	学号：	
画图前先思考	在绘图之前，设置图层的目的是：		
成果			
写出至少 3 种将图框中的三角形改为粗实线的方法			
评分(100 分)			
		配分	得分
1	图层建立正确，错误一个扣 10 分	30 分	
2	图纸绘制完整、准确，错误一处扣 5 分，扣完为止	配分	
		20 分	
3	所有图形按照规定放到相应的图层上，错误一个扣 5 分	配分	
		20 分	
4	写出了 3 种快速选中图框中三角形的方法，错误一个扣 10 分	配分	
		30 分	
总分			
总结与反思			
与同学讨论创建图层时的注意事项：			
总结本次任务：			

任务二　图块的应用

任务描述

　　某设计院承接的某高速公路设计项目，现已完成了路线平面图的主要设计，需要进一步完善图纸——将指北针、水准点等路线平面图必备元素批量添加到每一张图纸里。

　　任务：你负责该项目的路线平面图，你该如何快速地给几十张路线平面图添加指北针？

思考	思考1：指北针有哪些作用？
思考2：AutoCAD图块如何创建？	
思考3：如何修改图块中图线的属性？	

任务分析

　　1. 将指北针创建为图块——掌握创建图块的各种方法。

　　2. 插入指北针——掌握将创建好的图块插入到不同文件中的方法。

　　3. 如果需要修改指北针的颜色，应该怎么做——掌握修改图块的方法。

相关知识

一、指北针

指北针表示地区的方位和路线的走向，如图2-2-1所示。

二、图块的创建

图块创建有3种不同的方式，如图2-2-2所示。

图 2-2-1

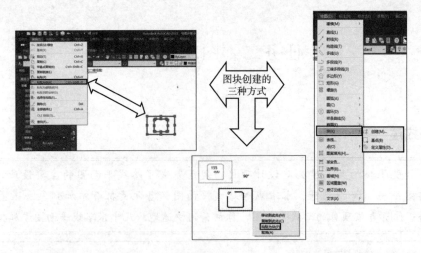

图 2-2-2

三、修改图块中图线的属性

修改图 2-2-3"公里桩"图块的颜色，具体过程如下：

(1)双击"公里桩"图块，弹出"编辑块定义"对话框，单击"确定"按钮，如图 2-2-4 所示。

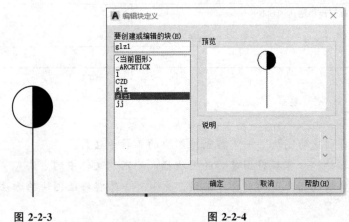

图 2-2-3　　　　　　　　　　　　图 2-2-4

(2)AutoCAD 此时就会切换为图块编辑模式，如图 2-2-5 所示。

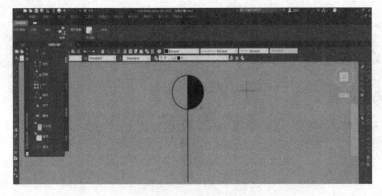

图 2-2-5

（3）选择图块的填充部分，然后将特性工具栏中的颜色设置为红色，如图 2-2-6 所示。

（4）在"块编辑器"模块中选择关闭，在弹出的对话框中，选择"将更改保存到 glz(S)"，完成对"公里桩"图块的修改，如图 2-2-7 所示。

（5）结果如图 2-2-8 所示。

图 2-2-6   图 2-2-7   图 2-2-8

任务实施

绘制好指北针，然后将其创建为图块，如图 2-2-9 所示。具体实施步骤见表 2-2-1。

表 2-2-1　将指北针创建为图块实施步骤

序号	实施步骤	具体操作
1	将指北针创建为图块	方法一： （1）选中指北针所有图形对象，然后在"绘图"下拉菜单中选中"块"中的"创建"命令，如图 2-2-9 所示。 图 2-2-9

序号	实施步骤	具体操作
1	将指北针创建为图块	(2)在弹出的对话框中，给图块命名，如图 2-2-10 所示。 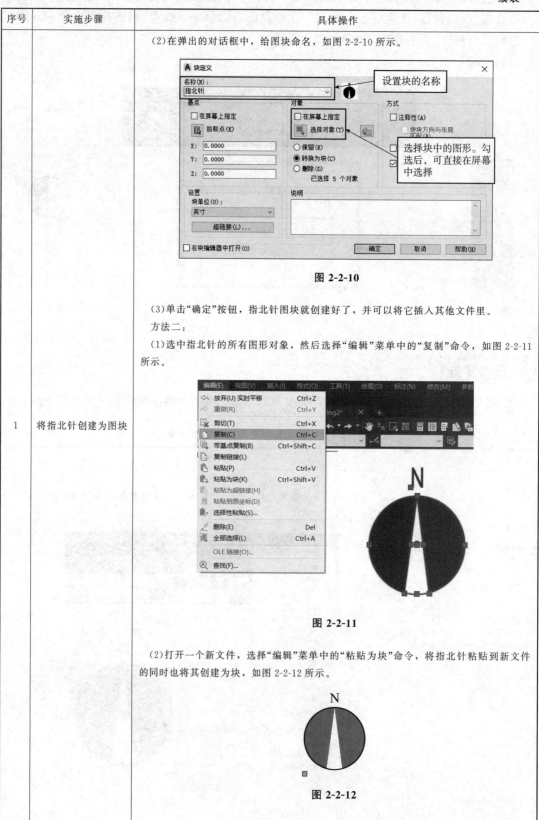 图 2-2-10 (3)单击"确定"按钮，指北针图块就创建好了，并可以将它插入其他文件里。 方法二： (1)选中指北针的所有图形对象，然后选择"编辑"菜单中的"复制"命令，如图 2-2-11 所示。 图 2-2-11 (2)打开一个新文件，选择"编辑"菜单中的"粘贴为块"命令，将指北针粘贴到新文件的同时也将其创建为块，如图 2-2-12 所示。 图 2-2-12

序号	实施步骤	具体操作
1	将指北针创建为图块	方法三： 　　选中要创建为块的指北针图形，然后按住鼠标右键，拖动鼠标，在显示出的快捷菜单中，选择"粘贴为块"命令，结果如图 2-2-13 所示。 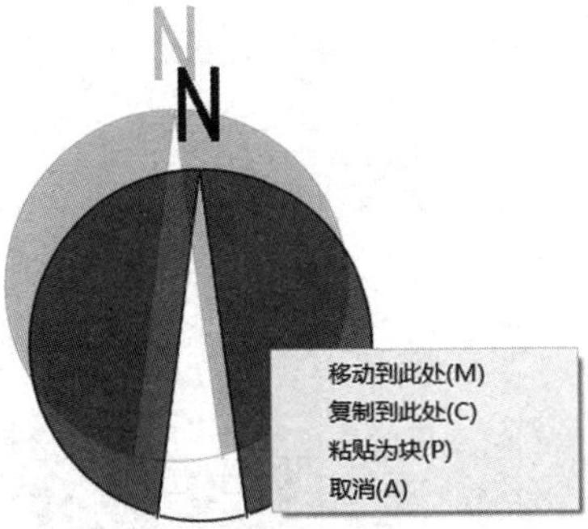 移动到此处(M) 复制到此处(C) 粘贴为块(P) 取消(A) 图 2-2-13
2	将创建的图块插入平面图中	(1)在平面图文件中，选择"插入"菜单栏中的"块选项板"命令，如图 2-2-14 所示。 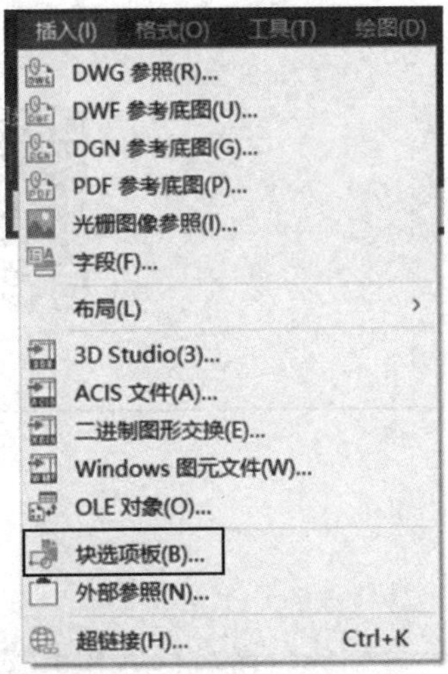 图 2-2-14 　　(2)打开"插入图块"对话框，在"最近使用的块"区域中，选择上一步方法一中创建的指北针图块，插入图形文件中，如图 2-2-15 所示。 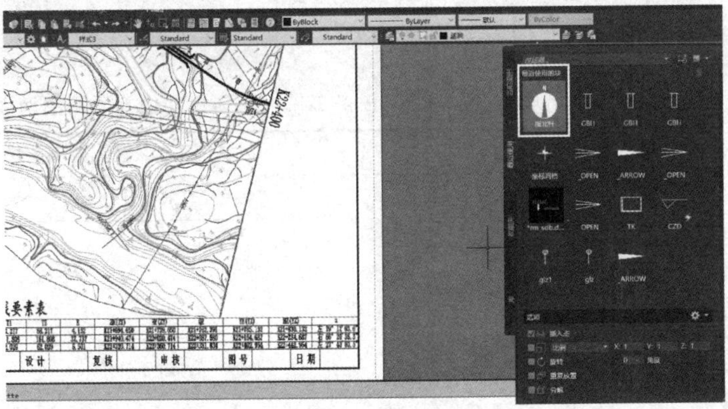 图 2-2-15

序号	实施步骤	具体操作
3	指北针图块创建完毕	结果如图 2-2-16 所示。 图 2-2-16
4	图块创建的具体演示过程，可扫码观看相关教学视频，见二维码	

🎯 **任务训练**

路线纵断面图中需要标注公路沿线的构造物，如桥梁、隧道和涵洞。完成如下操作及任务工单(表 2-2-2)：

(1)把图 2-2-17 所示的涵洞图例创建为图块，并把它插入到新文件中。

(2)将涵洞图块中图线的线宽改为 0.35 mm。

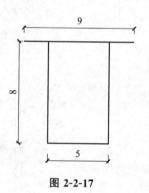

图 2-2-17

表 2-2-2　任务工单——创建并插入涵洞图例图块

本次课堂实践项目		创建并插入涵洞图例图块		
	班级：	姓名：		学号：
写出 3 种创建图块的方法	方法一：			
	方法二：			
	方法三：			

成果			
	评分（100 分）		
1	能用 3 种方法创建图层，少一个扣 10 分	配分	得分
		30 分	
2	能顺利将图块插入到新文件中，错误一处扣 5 分，扣完为止	配分	
		20 分	
3	能将图块中图线的线宽改为 0.35 mm，少修改一条扣 10 分	配分	
		30 分	
4	10 分钟内完成所有操作，超过 1 分钟，扣 5 分	配分	
		20 分	
	总分		

总结与反思
与同学讨论创建图块时的注意事项：
总结本次任务：

项目三 涵洞工程图纸的绘制

项目目标

知识目标：了解 AutoCAD 绘图命令和修改命令的使用技巧，理解三视图的投影规律，理解图纸标注的原则。

技能目标：熟练掌握 AutoCAD 绘图命令和修改命令在实际图形中的综合使用方法。

素质目标：养成精益求精、善于利用画图工具绘制工程图等职业素养。

项目介绍

涵洞是埋在路基下，用来排泄少量水流的公路工程构造物。涵洞工程图纸是公路工程设计文件的重要组成部分。涵洞的相关知识思维导图如图 3-0-1 所示。

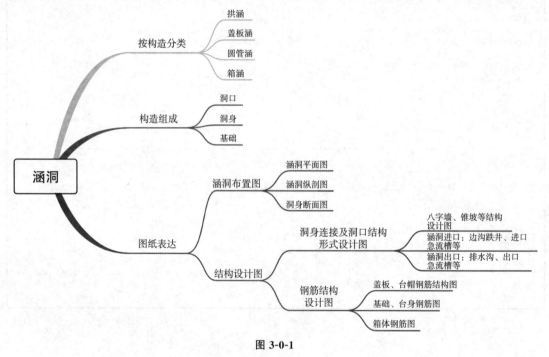

图 3-0-1

在公路工程设计文件中，涵洞设计一般归属到"桥梁、涵洞"篇，其中包括：涵洞工程数量表与涵洞设计图。根据项目需要，设计图将包含涵洞平面图、涵洞纵剖图、洞身断面图、洞口立面图、钢筋图等不同表达形式的图纸。图纸绘制主要使用到 AutoCAD 绘图命令、修改命令以及尺寸标注和文字标注功能。另外，想要绘制出完整、准确的图纸还需要熟知图纸标注的原则及图纸的识读原则。

任务一　管涵工程图纸的绘制

　　某高速公路设计项目为了满足线型需求，需要在公路中某些位置设计圆管涵（图 3-1-1）、拱涵和盖板涵若干。现已拟定了涵洞位置，并完成了相关工程量的计算，需将某处的圆管涵的涵洞平面图、洞口立面图绘制出来。

图 3-1-1

　　任务：现在你是该项目的设计人员，你能使用 AutoCAD 将这些图纸绘制出来吗？

思考	思考 1：为了达到高效绘图的目的，我们需要先做哪些准备工作？

思考 2：要绘制圆管涵的平面图（图 3-1-2），需要用到哪些命令？

思考 3：要绘制洞口布置图（图 3-1-3），需要用到哪些命令？

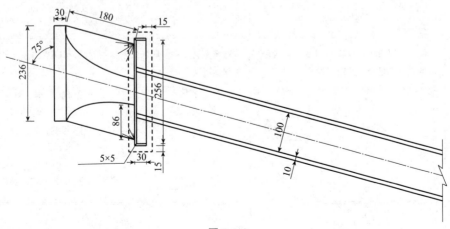

图 3-1-2

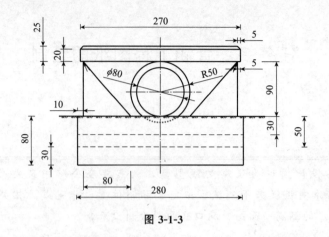

图 3-1-3

任务分析

为达到高效绘图的目的：

1. 按图形对象创建好图层——给每个图层设置好线型、颜色、线宽，并使用"正交""对象捕捉"等功能。

2. 绘制涵洞平面图——综合使用直线命令、旋转命令、椭圆命令、环形阵列命令、偏移命令等。

3. 绘制涵洞洞口立面图——用矩形、圆、圆弧、打断等命令和功能，绘制涵洞洞口布置图。

相关知识

一、需要使用到的绘图命令

需用到的绘图命令见表 3-1-1。

表 3-1-1　需要使用到的绘图命令

命令与 命令图标	直线(L)	圆(C)	
命令执行	使用直线命令可以绘制一系列直线段，每条直线都是独立的图形对象	圆命令有 6 种不同的绘制圆的方法，其中"圆心、半径"为系统默认画法。	圆心、半径(R) 圆心、直径(D) 两点(2) 三点(3) 相切、相切、半径(T) 相切、相切、相切(A)
命令与 命令图标	矩形(REC)	椭圆(EL)	

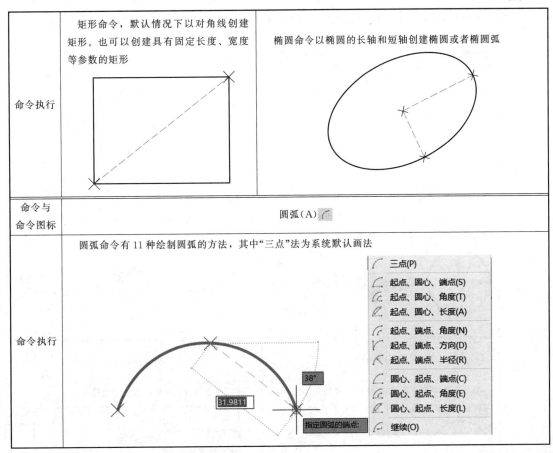

命令执行	矩形命令，默认情况下以对角线创建矩形。也可以创建具有固定长度、宽度等参数的矩形	椭圆命令以椭圆的长轴和短轴创建椭圆或者椭圆弧
命令与 命令图标	圆弧(A)	
命令执行	圆弧命令有11种绘制圆弧的方法，其中"三点"法为系统默认画法	

三点(P)

起点、圆心、端点(S)

起点、圆心、角度(T)

起点、圆心、长度(A)

起点、端点、角度(N)

起点、端点、方向(D)

起点、端点、半径(R)

圆心、起点、端点(C)

圆心、起点、角度(E)

圆心、起点、长度(L)

继续(O)

38°

31.9811

指定圆弧的端点:

二、需要用到的修改命令

需用到的修改命令见表 3-1-2。

表 3-1-2　需要用到的修改命令

命令与 命令图标	复制(CO)	移动(M)
命令执行	复制命令将选中的图形对象复制到指定的位置上，基点的选择很重要	移动命令可将选中图形对象移动到指定位置，可使用坐标、对象捕捉等确定准确移动位置，基点的选择很重要
命令与 命令图标	分解(X)	旋转(RO)

命令执行	分解命令将复合对象分解为以直线或曲线为独立单元的多个图形对象	旋转命令可将选中图形对象围绕某个点按某个角度进行旋转
命令与命令图标	延伸(EX)	打断(BR)
命令执行	延伸命令可指定对象,使其到达选定的边界。要延伸对象,需要选中单独延伸的对象,按住 Shift 键可将延伸命令变为修剪命令	打断命令可将图形在两个指定的点之间断开。选中图形的位置默认为断开的第一个点的位置,如果需要重新选中断开的第一个点,则需要输入 f,然后重选
命令与命令图标	偏移(O)	删除(E)
命令执行	偏移命令可按照所选中的图形对象和输入偏移距离,创建同心圆、平行线或者等距曲线	删除命令可将被选中的图形对象删除
命令与命令图标	路径阵列(AR)	环形阵列(AR)
命令执行	路径阵列可将选中的图形对象沿指定的路径进行复制,实现图形对象在路径上的均匀分布	环形阵列可按圆或者圆弧绕某个中心点复制选中的图形对象
命令与命令图标	拉长(LEN)	倒角(CHA)

命令执行	拉长命令可对选中图形对象的尺寸进行增量、百分比或最终尺寸的修改 14 ➡ 14 选择要修改的对象或	倒角命令将选中图形对象的角按指定的距离倒角 第二倒角距离 第一倒角距离 ➡
命令与 命令图标	修剪 (TR) ✂	
命令执行	修剪命令可修剪图形以适合其他对象的边。要修剪对象，需要选中修剪的对象；按住 Shift 键可将修剪命令变为延伸命令 确定下一个轮廓点或 ➡	

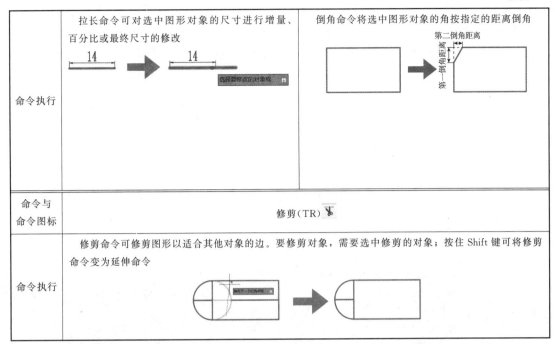

🎯 任务实施

一、绘制圆管涵涵洞平面图

用绘图命令、修改命令绘制图 3-1-2。具体步骤见表 3-1-3。

表 3-1-3　绘制圆管涵涵洞平面图实施步骤

序号	实施步骤	具体操作
1	创建图层	根据图纸需要创建中轴线层、轮廓线层、配筋层、标注层，如图 3-1-4 所示。 图 3-1-4
2	绘制 对称轴	(1)将正交功能打开，使用"直线"命令，绘制一条水平直线，当前图层选择中轴线层，如图 3-1-5 所示。

序号	实施步骤	具体操作
2	绘制 对称轴	命令：_ line 指定第一个点： 指定下一点或[放弃(U)]： 指定下一点或[放弃(U)]： ——————————————————————— 图 3-1-5 (2)使用"旋转"命令，将这条直线旋转 15°。注意：AutoCAD 旋转方向是逆时针的，所以这里是 -15°，结果如图 3-1-6(d)所示。 命令：RO ROTATE UCS 当前的正角方向：　　　ANGDIR＝逆时针　ANGBASE＝0 选择对象：找到 1 个　　　　　　　　　　　　　　　//选择图形对象，如图 3-1-6(a)所示 选择对象： 指定基点：　　　　　　　　　　　　　　　　　　//选择基点，如图 3-1-6(b)所示 指定旋转角度，或[复制(C)/参照(R)]＜345＞：-15　//输入旋转角度，如图 3-1-6(c)所示 结果如图 3-1-6(d)所示。 图 3-1-6
3	绘制截 水墙部分	(1)使用"直线"命令，绘制截水墙前端，这里可先将状态栏中的"正交" ∟ 功能打开，方便作图。 注意，此时图层选择轮廓线层，具体操作如下： 命令：_ line 指定第一个点： 指定下一点或[放弃(U)]：236　　　　　　//如图 3-1-7(a)所示 指定下一点或[放弃(U)]：30　　　　　　　//如图 3-1-7(b)所示 指定下一点或[闭合(C)/放弃(U)]：236　　//如图 3-1-7(c)所示 指定下一点或[闭合(C)/放弃(U)]：c　　　//如图 3-1-7(d)所示 结果如图 3-1-7(e)所示。 (2)使用"直线"命令，做一条平行于对称轴的直线。这里需要用到"对象捕捉"工具栏中的"捕捉平 行线" // 功能。这时，可将"正交"功能关闭，如图 3-1-8 所示。

序号	实施步骤	具体操作
3	绘制截水墙部分	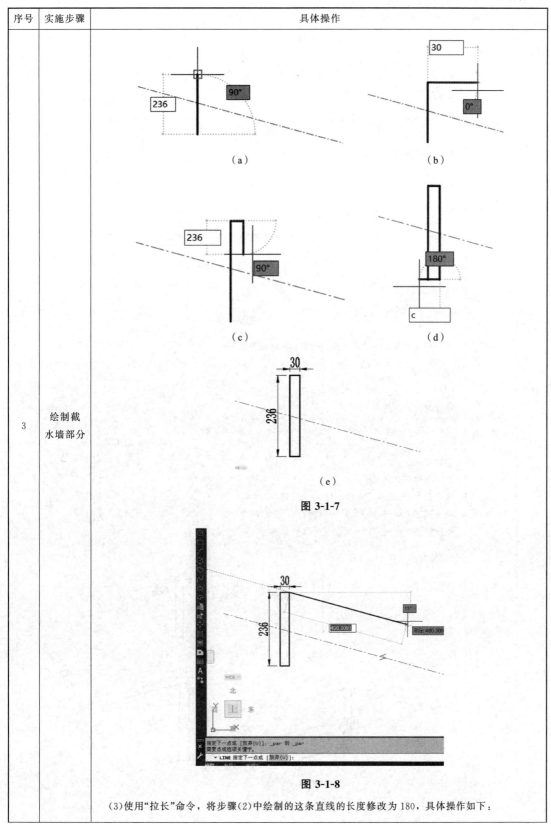 （a）　　　　　（b） （c）　　　　　（d） （e） 图 3-1-7 图 3-1-8 (3)使用"拉长"命令，将步骤(2)中绘制的这条直线的长度修改为180，具体操作如下：

序号	实施步骤	具体操作

3	绘制截水墙部分	命令：_ lengthen
		选择要测量的对象或[增量(DE)/百分比(P)/总计(T)/动态(DY)]<总计(T)>：t //用键盘输入 t
		指定总长度或[角度(A)]<1.0000>：180 //输入长度 180
		选择要修改的对象或[放弃(U)]： //在屏幕中选择需要修改长度的那条直线，如图 3-1-9(a)
		
		选择要修改的对象或[放弃(U)]： //↙
		
		结果如图 3-1-9(b)所示。
		
		（a） （b）
		图 3-1-9
		
		(4)用复制命令完成另一边的绘制。具体操作如下：
		
		命令：CO
		COPY
		选择对象：找到 1 个 //选择步骤(3)中绘制的长度为 180 的那条直线，如图 3-1-10(a)
		
		选择对象：
		当前设置： 复制模式=多个
		指定基点或[位移(D)/模式(O)]<位移>： //如图 3-1-10(b)
		指定第二个点或[阵列(A)]<使用第一个点作为位移>： //如图 3-1-10(c)
		指定第二个点或[阵列(A)/退出(E)/放弃(U)]<退出>： //回车
		
		结果如图 3-1-10(d)所示。
		
		（a） （b）
		
		（c） （d）
		图 3-1-10

序号	实施步骤	具体操作

4	绘制锥坡部分	(1)使用"直线"命令绘制一条长度为 86 的直线,具体过程不再赘述。结果如图 3-1-11 所示。 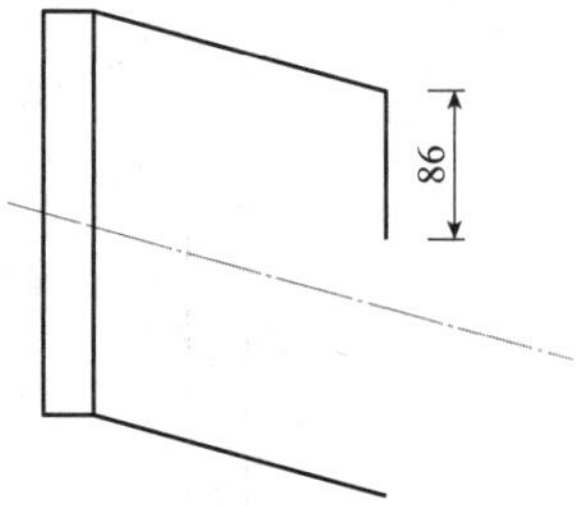
		
		图 3-1-11
		
		(2)使用"椭圆"命令绘制锥坡的大轮廓。注意画椭圆时以 O、B、A 三个点的捕捉顺序,结果如图 3-1-12 所示。
		
		具体操作过程如下:
		
		命令: _ ellipse
		指定椭圆的轴端点或[圆弧(A)/中心点(C)]:c //键盘输入 c
		指定椭圆的中心点: //捕捉选择 O 点
		指定轴的端点: //捕捉选择 B 点
		指定另一条半轴长度或[旋转(R)]: //捕捉选择 A 点
		
		(3)用"延伸"命令将 OA 延伸到与椭圆相交,然后用"移动"命令将椭圆稍微向上移动,调整到 A 点处,结果如图 3-1-13 所示。 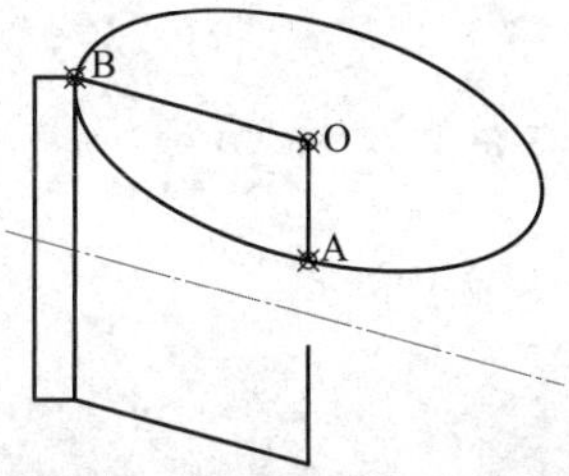
		
		图 3-1-12 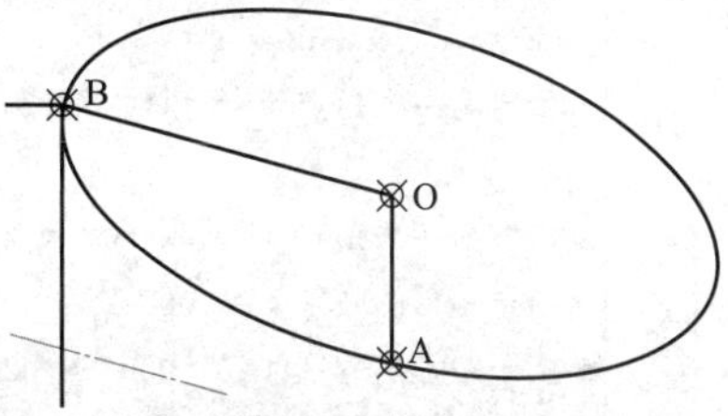 图 3-1-13
		
		(4)使用"修剪"命令,将多余部分线剪掉即可,具体操作如图 3-1-14 所示。 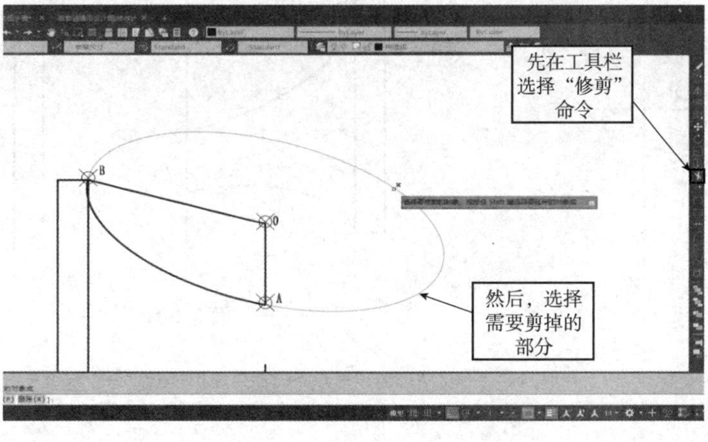
		
		图 3-1-14

序号	实施步骤	具体操作
4	绘制锥坡部分	结果如图 3-1-15 所示 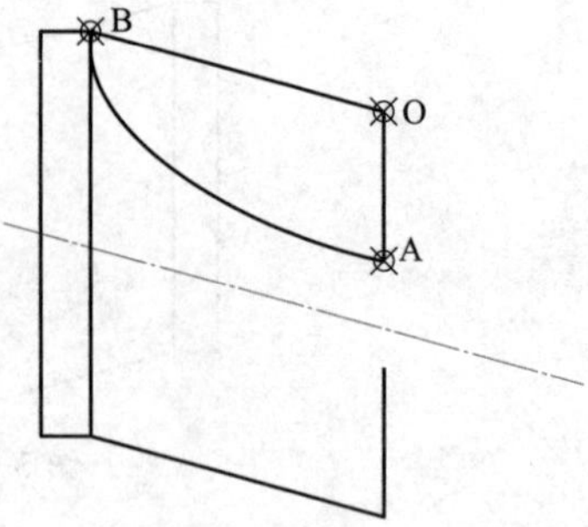 图 3-1-15
5	管涵锥坡部分的绘制可扫码观看教学演示视频,见二维码	
6	绘制缘石、墙身和基础部分	(1)使用"矩形"命令绘制缘石底部。具体操作如下: 命令: _rectang 指定第一个角点或[倒角(C)/标高(E)/圆角(F)/厚度(T)/宽度(W)]:　　　//可在屏幕上任意位置指定 指定另一个角点或[面积(A)/尺寸(D)/旋转(R)]:d　　　//输入 d 指定矩形的长度<30.0000>:30　　　//输入长度 30 指定矩形的宽度<266.0000>:266　　　//输入宽度 266 指定另一个角点或[面积(A)/尺寸(D)/旋转(R)]: 结果如图 3-1-16 所示。 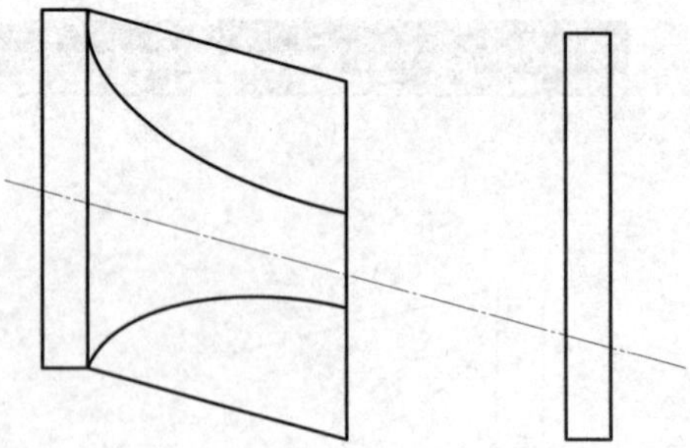 图 3-1-16 (2)用"分解"命令将刚画的矩形炸开,然后使用"偏移"命令将缘石上部绘制出来。具体操作如下:

序号	实施步骤	具体操作
6	绘制缘石、墙身和基础部分	命令：_ explode　　　　　　　　　　　　　　　// 分解命令 选择对象：找到 1 个　　　　　　　　　　　　// 选择矩形 选择对象： 命令：O OFFSET 当前设置：删除源＝否　图层＝源　OFFSETGAPTYPE＝0 指定偏移距离或[通过(T)/删除(E)/图层(L)]<5.0000>：5　// 设置偏移距离 选择要偏移的对象，或[退出(E)/放弃(U)]<退出>：　// 如图 3-1-17(a) 指定要偏移的那一侧上的点，或[退出(E)/多个(M)/放弃(U)]<退出>：　// 如图 3-1-17(b) 选择要偏移的对象，或[退出(E)/放弃(U)]<退出>：　// 如图 3-1-17(c) 指定要偏移的那一侧上的点，或[退出(E)/多个(M)/放弃(U)]<退出>：　// 如图 3-1-17(d) 选择要偏移的对象，或[退出(E)/放弃(U)]<退出>： 指定要偏移的那一侧上的点，或[退出(E)/多个(M)/放弃(U)]<退出>： 选择要偏移的对象，或[退出(E)/放弃(U)]<退出>： 指定要偏移的那一侧上的点，或[退出(E)/多个(M)/放弃(U)]<退出>： 选择要偏移的对象，或[退出(E)/放弃(U)]<退出>： 结果如图 3-1-17(e)所示。 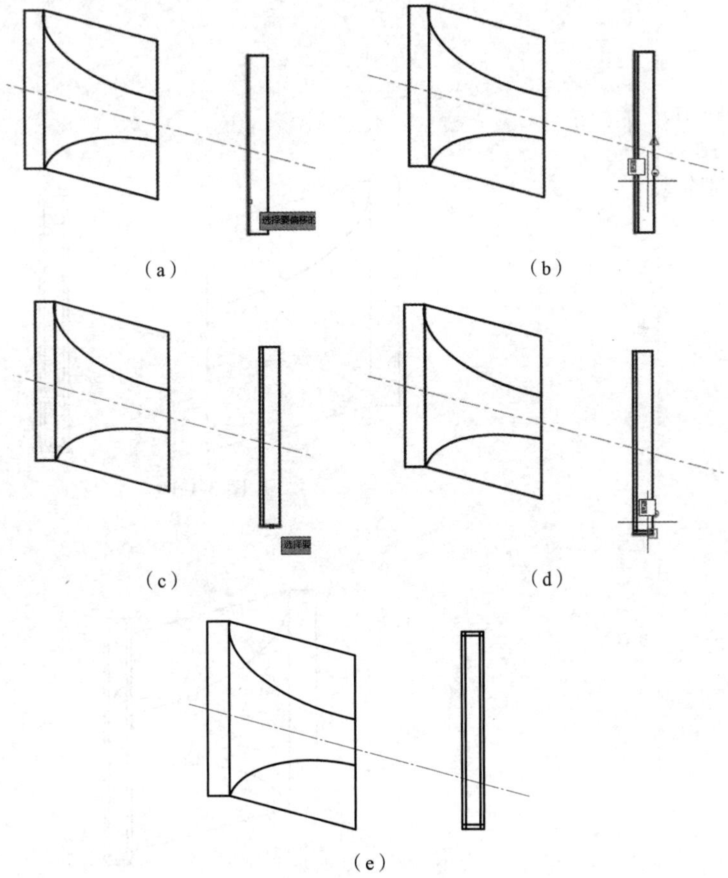 （a）　　　　　（b） （c）　　　　　（d） （e） **图 3-1-17**

序号	实施步骤	具体操作
6	绘制缘石、墙身和基础部分	（3）将其多余部分修剪，用"直线"命令将剩余轮廓线补绘完成。这里不再赘述，结果如图 3-1-18 所示。 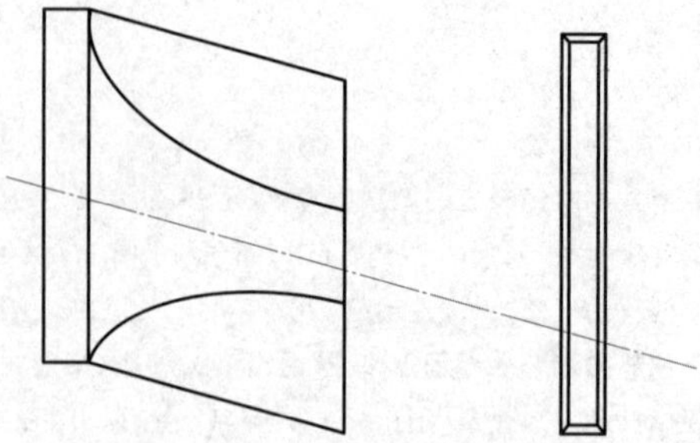 **图 3-1-18** （4）使用"移动"命令将画好的缘石移动到正确的位置，即完成了涵洞洞口平面图的绘制，过程如图 3-1-19 所示。 具体操作如下： MOVE 选择对象：指定对角点：找到 8 个 选择对象：指定对角点：找到 8 个(4 个重复)，总计 12 个　　//选择缘石图形 选择对象： 指定基点或[位移(D)]<位移>：　　　　　　　　　　　//选择 E 点作为基点 指定第二个点或<使用第一个点作为位移>：　　　　　　　//将图形移动到 F 点处 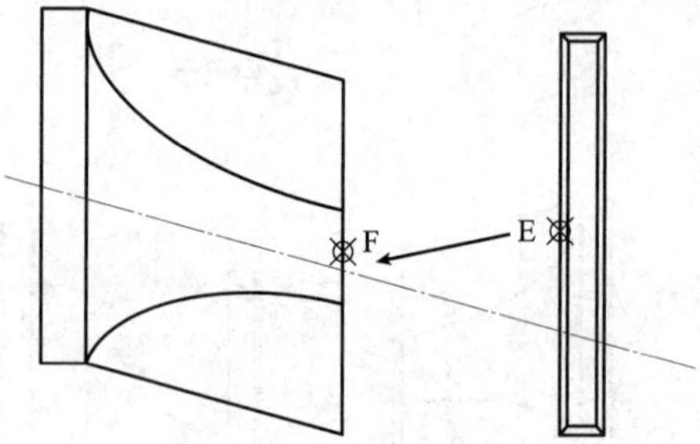 **图 3-1-19** 结果如图 3-1-20 所示。 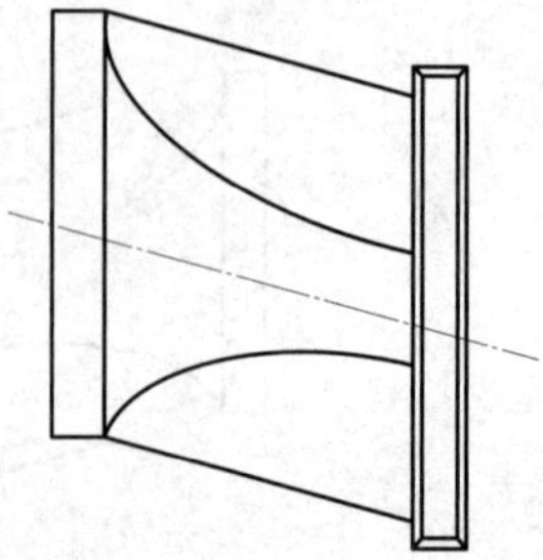 **图 3-1-20**

序号	实施步骤	具体操作
6	绘制缘石、墙身和基础部分	(5)用"偏移"命令偏移复制出墙身基础的四条轮廓线，偏移距离分别为15，如图3-1-21(a)所示；然后用"倒角"命令，将这四条轮廓线封口，过程如图3-1-21(b)所示。 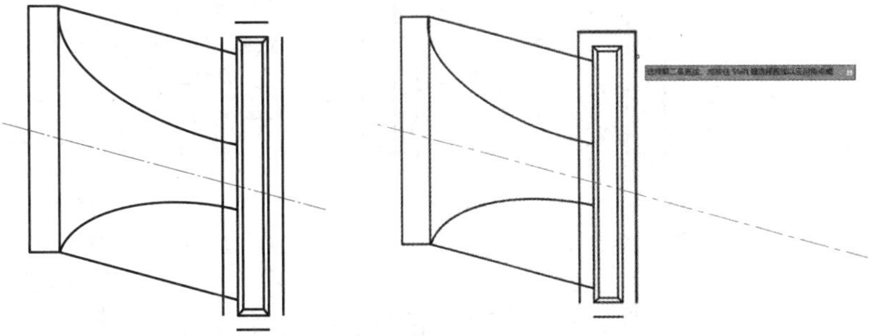 （a）　　　　　　（b） **图 3-1-21** 反复使用四次"倒角"命令后，可将基础部分完成，最后不要忘了将线型改为虚线，如图3-1-22所示。 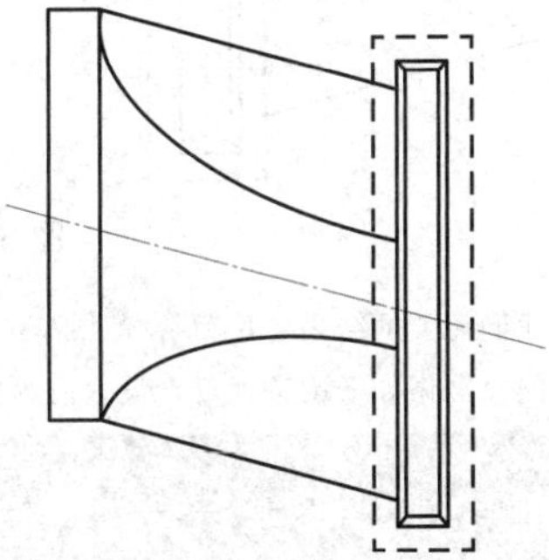 **图 3-1-22** 注意：这里使用"倒角"命令时，在选择图线前，要先确认倒角距离为0，否则"倒角"命令执行以后，将不会得到由直角连接的两条相交直线
7	缘石、墙身部分操作可扫码观看教学视频，见二维码	
8	绘制示坡线	(1)绘制一长一短两条示坡线，长度适中即可，结果如图3-1-23所示。 (2)使用"环形阵列"命令完成其余部分的绘制。 具体操作：首先在"修改"菜单里选择"环形阵列"命令，如图3-1-24所示。

序号	实施步骤	具体操作
8	绘制示坡线	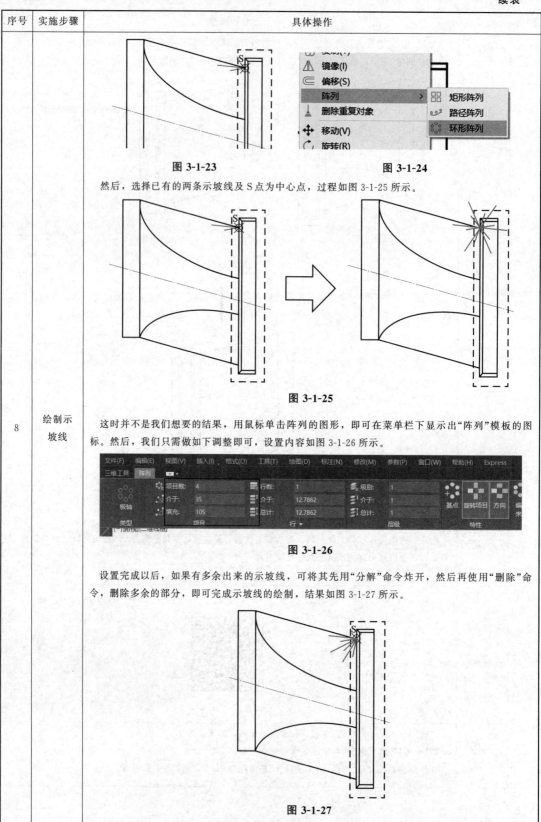

图 3-1-23　　　　　　　　　　　　图 3-1-24

然后，选择已有的两条示坡线及 S 点为中心点，过程如图 3-1-25 所示。

图 3-1-25

这时并不是我们想要的结果，用鼠标单击阵列的图形，即可在菜单栏下显示出"阵列"模板的图标。然后，我们只需做如下调整即可，设置内容如图 3-1-26 所示。

图 3-1-26

设置完成以后，如果有多余出来的示坡线，可将其先用"分解"命令炸开，然后再使用"删除"命令，删除多余的部分，即可完成示坡线的绘制，结果如图 3-1-27 所示。

图 3-1-27

序号	实施步骤	具体操作
9	绘制管身部分	(1)用偏移命令，得到管身的平面图。偏移距离分别为 50 和 10。具体过程如下： 命令：O OFFSET 当前设置：删除源＝否　图层＝源　OFFSETGAPTYPE＝0 指定偏移距离或[通过(T)/删除(E)/图层(L)]<通过>：50　　//输入"50"绘制管身内壁 选择要偏移的对象，或[退出(E)/放弃(U)]<退出>：　　//选择中轴线 指定要偏移的那一侧上的点，或[退出(E)/多个(M)/放弃(U)]<退出>： 选择要偏移的对象，或[退出(E)/放弃(U)]<退出>： 指定要偏移的那一侧上的点，或[退出(E)/多个(M)/放弃(U)]<退出>： 选择要偏移的对象，或[退出(E)/放弃(U)]<退出>：↙ 命令：O OFFSET 当前设置：删除源＝否　图层＝源　OFFSETGAPTYPE＝0 指定偏移距离或[通过(T)/删除(E)/图层(L)]<50.0000>：10　　//输入"10"绘制管身外壁 选择要偏移的对象，或[退出(E)/放弃(U)]<退出>： 指定要偏移的那一侧上的点，或[退出(E)/多个(M)/放弃(U)]<退出>：　　//选择刚才绘制一条的管身内壁轮廓线 选择要偏移的对象，或[退出(E)/放弃(U)]<退出>： 指定要偏移的那一侧上的点，或[退出(E)/多个(M)/放弃(U)]<退出>：　　//选择刚才绘制另一条的管身内壁之一 选择要偏移的对象，或[退出(E)/放弃(U)]<退出>：↙ 结果如图 3-1-28 所示。 图 3-1-28 (2)选中管身，将管身的图层修改为轮廓线层如图 3-1-29 所示，这样就很轻松完成了线型、颜色的修改。

序号	实施步骤	具体操作
9	绘制管身部分	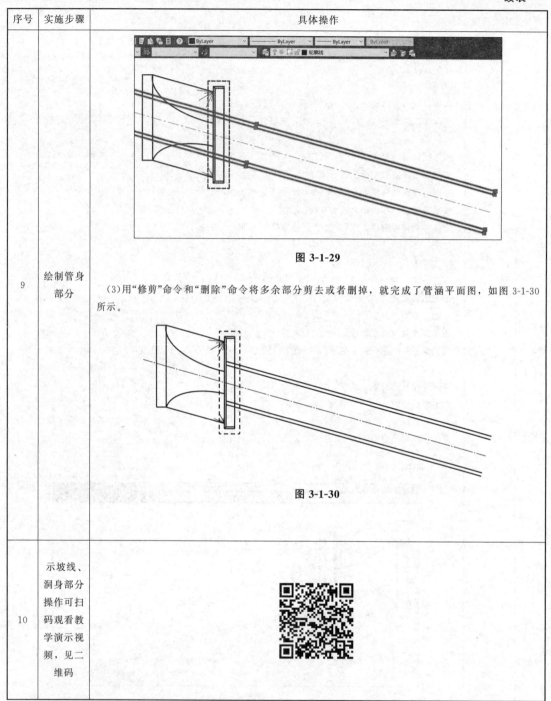 图 3-1-29 (3)用"修剪"命令和"删除"命令将多余部分剪去或者删掉，就完成了管涵平面图，如图 3-1-30 所示。 图 3-1-30
10	示坡线、洞身部分操作可扫码观看教学演示视频，见二维码	

二、管涵涵洞洞口立面图

用绘图命令，修改命令绘制图 3-1-3。具体步骤见表 3-1-4。

表 3-1-4　绘制管涵涵洞洞口立面图实施步骤

序号	实施步骤	具体操作
1	创建图层	创建图层如图 3-3-31 所示。 图 3-1-31
2	绘制涵洞截水墙、墙基	（1）截水墙、墙基部分可用"矩形""分解"和"偏移"命令完成。具体过程如下： 命令：_ rectang　　　　　　　　　//先用"矩形"命令，按尺寸绘制出大轮廓，如图 3-1-32 所示 指定第一个角点或[倒角(C)/标高(E)/圆角(F)/厚度(T)/宽度(W)]： 指定另一个角点或[面积(A)/尺寸(D)/旋转(R)]：d 指定矩形的长度<10.0000>：280 指定矩形的宽度<10.0000>：80 指定另一个角点或[面积(A)/尺寸(D)/旋转(R)]： 图 3-1-32 （2）此时，矩形绘制出来的图形，四条边是一个整体的图形对象，不能使用"偏移"命令，要先用"分解"命令将矩形的各边分解为独立的图形对象，如图 3-1-33 所示。 图 3-1-33 （3）用"偏移"命令，就可完成这个部分了。根据图纸尺寸可知，上、下两条边都往矩形内部偏移30。具体过程如下： 命令：O OFFSET 当前设置：删除源=否　图层=源　OFFSETGAPTYPE=0 指定偏移距离或[通过(T)/删除(E)/图层(L)]<30.0000>： 选择要偏移的对象，或[退出(E)/放弃(U)]<退出>： 指定要偏移的那一侧上的点，或[退出(E)/多个(M)/放弃(U)]<退出>：

序号	实施步骤	具体操作
2	绘制涵洞截水墙、墙基	选择要偏移的对象，或[退出(E)/放弃(U)]<退出>： 指定要偏移的那一侧上的点，或[退出(E)/多个(M)/放弃(U)]<退出>： 选择要偏移的对象，或[退出(E)/放弃(U)]<退出>：＊取消＊ 结果如图 3-1-34 所示。 (4)将看不见的轮廓线线型调整为虚线，最上面的轮廓线往两边拉伸(尺寸自定)，即完成该部分绘制，结果如图 3-1-35 所示。 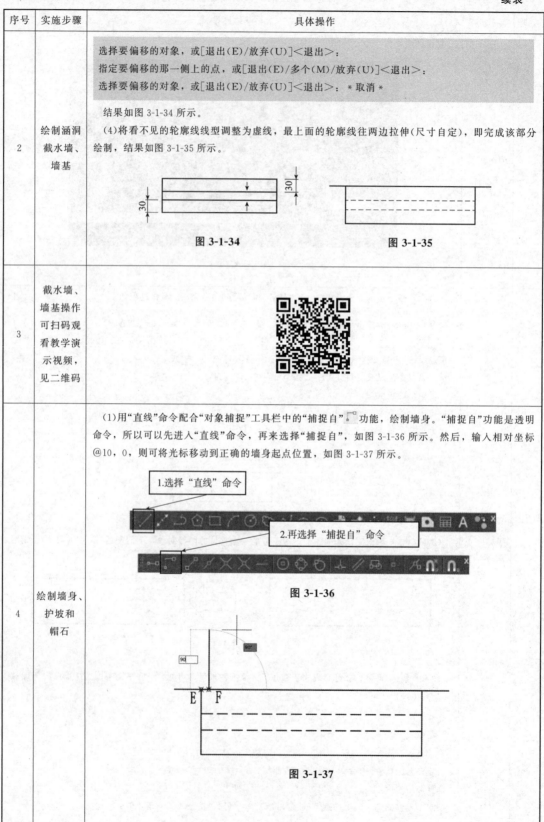
3	截水墙、墙基操作可扫码观看教学演示视频，见二维码	
4	绘制墙身、护坡和帽石	(1)用"直线"命令配合"对象捕捉"工具栏中的"捕捉自" 功能，绘制墙身。"捕捉自"功能是透明命令，所以可以先进入"直线"命令，再来选择"捕捉自"，如图 3-1-36 所示。然后，输入相对坐标 @10，0，则可将光标移动到正确的墙身起点位置，如图 3-1-37 所示。

序号	实施步骤	具体操作
4	绘制墙身、护坡和帽石	具体过程如下： 命令：L LINE 指定第一个点：_from 基点：＜偏移＞：　　　　　//选择"捕捉自"功能，光标捕捉 E 点 ＞＞输入 ORTHOMODE 的新值＜0＞： 正在恢复执行 LINE 命令。 ＜偏移＞：@10,0　　　　　　　　　　　　　//输入相对坐标 指定下一点或［放弃(U)］：　＜正交开＞90　　//开始绘制墙身部分 指定下一点或［放弃(U)］：260 指定下一点或［闭合(C)/放弃(U)］：90 指定下一点或［闭合(C)/放弃(U)］：↙ 结果如图 3-1-38 所示。 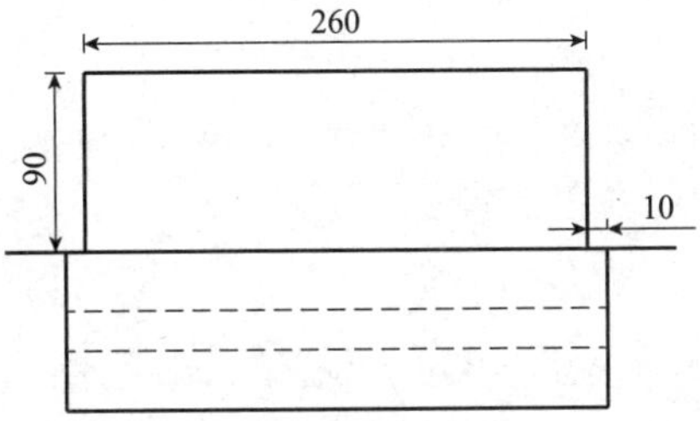 图 3-1-38 （2）用"直线""捕捉自""偏移"命令绘制护坡、帽石等部分。结果如图 3-1-39 所示。 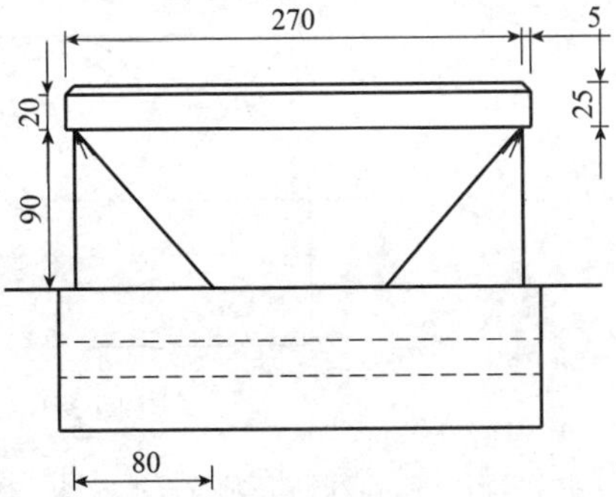 图 3-1-39
5	墙身、护坡和帽石绘制可扫描观看教学演示视频，见二维码	

序号	实施步骤	具体操作
6	绘制圆管涵洞口部分	(1)画一纵一横两条直线作为中轴线，尺寸自定。只需要注意，纵线要通过两端的中点，横线距离墙身下部的间距是40，如图3-1-40所示。 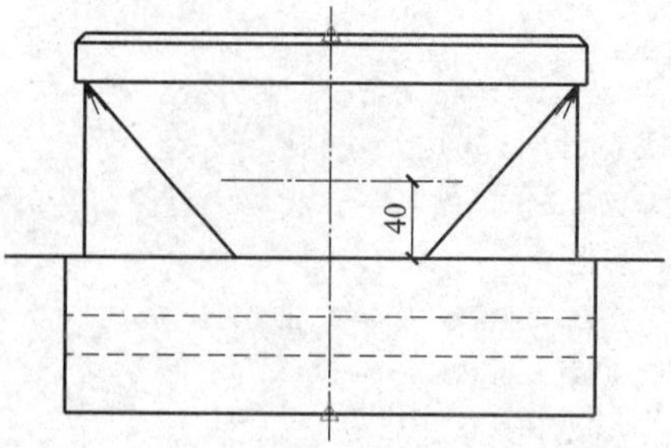 图 3-1-40 (2)中轴线画好以后，洞口的圆心就确定了，然后用"圆"命令将洞口绘制出来。具体过程如下： ```\n命令：C\nCIRCLE //画内部的圆\n指定圆的圆心或[三点(3P)/两点(2P)/切点、切点、半径(T)]：\n指定圆的半径或[直径(D)]：40\n命令：C //画外部的圆\nCIRCLE\n指定圆的圆心或[三点(3P)/两点(2P)/切点、切点、半径(T)]：\n指定圆的半径或[直径(D)]<40.0000>：50\n``` 结果如图3-1-41所示。 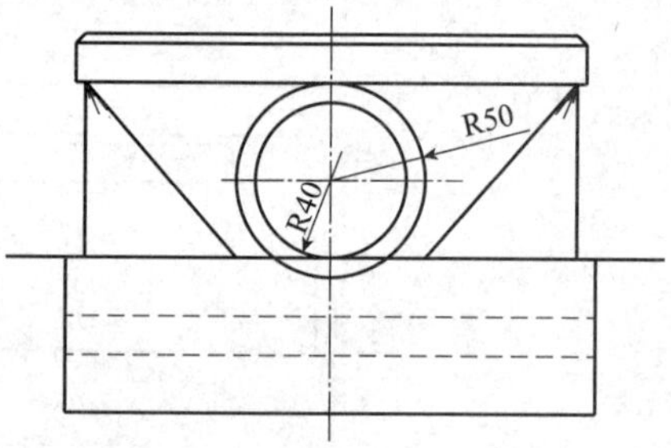 图 3-1-41 (3)进一步完善洞身部分，洞身下端被截水墙挡住的圆弧AB应该是看不见的轮廓线。因此，圆弧AB需要改为虚线，如图3-1-42所示。这里可以使用"打断"命令，将外圆断开。具体过程如下： 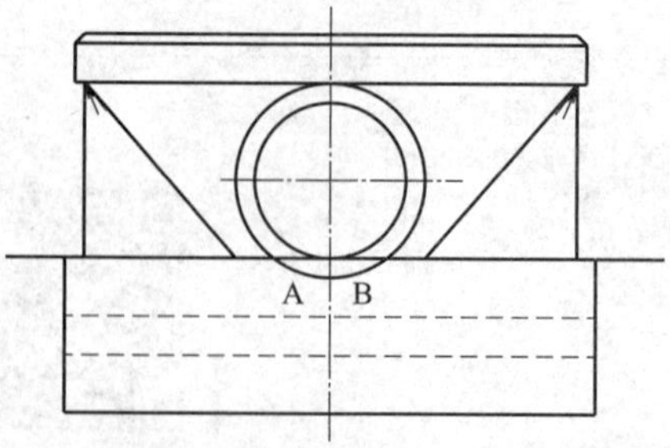 图 3-1-42

序号	实施步骤	具体操作

<table>
<tr><td rowspan="1" colspan="2"></td><td>

命令：_break   //选择打断命令

选择对象：   //选择外圆

指定第二个打断点或[第一点(F)]：f   //重新定义第一个点

指定第一个打断点：   //选择 A 点

指定第二个打断点：   //选择 B 点

</td></tr>
</table>

(4)使用"圆弧"命令，将圆弧 AB 重新绘制出来，再修改线型，即可完成洞口的绘制。

具体过程：

直接在绘图菜单中的"圆弧"命令子菜单中选择"圆心，起点，端点"命令，如图 3-1-43 所示。

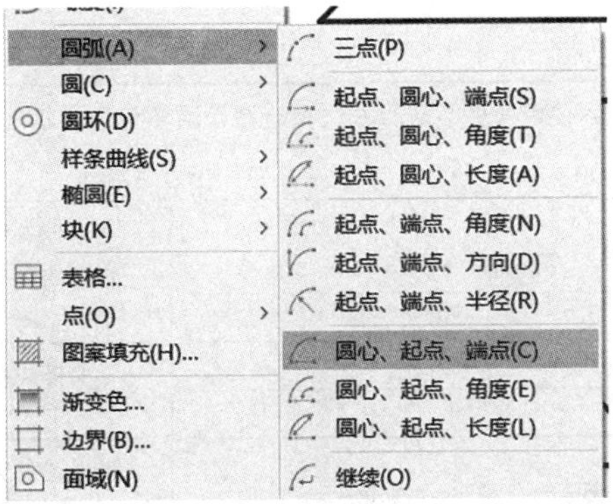

图 3-1-43

6 绘制圆管涵洞口部分

命令：_arc

指定圆弧的起点或[圆心(C)]：_c

指定圆弧的圆心：   //选择圆心 O

指定圆弧的起点：   //选择 A 点

指定圆弧的端点(按住 Ctrl 键以切换方向)或[角度(A)/弦长(L)]：   //选择 B 点

最后，再修改线型，结果如图 3-1-44 所示。

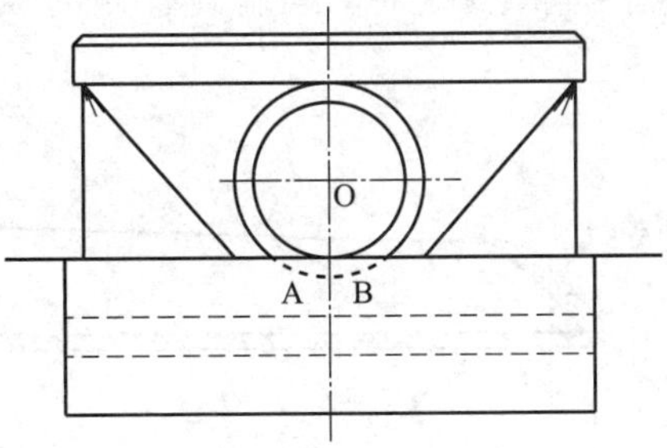

图 3-1-44

注意：1)使用"打断"命令时，选择对象的位置默认为打断的第一个点的位置，所以这里需要输入字母 f，重新定义打断的第一个点的位置。

2)打断命令，是逆时针进行的，所以必须先选择 A 点，再选择 B 点。顺序颠倒，结果不一样

序号	实施步骤	具体操作
7	洞口部分绘制可扫码观看教学演示视频，见二维码	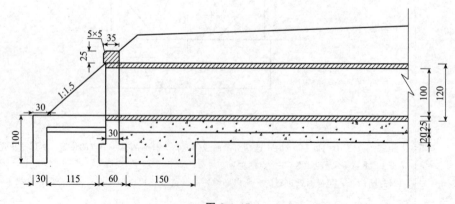

延伸思考

涵洞立面图，至少还可以使用两种不同的方法来绘制，同学们思考该用哪些命令来实现？并对比两种方法的优缺点，完成以下内容：

第一种方法：
使用的命令有：_____

_____
简单描述绘制过程：_____

使用这种方法，用时：____分____秒
总结这种方法的优缺点。优点：____

缺点：_____

第二种方法：
使用的命令有：_____

_____
简单描述绘制过程：_____

使用这种方法，用时：____分____秒
总结这种方法的优缺点。优点：____

缺点：_____

任务训练

前面我们完成了圆管涵的平面图和洞口布置图，现在还有这个圆管涵的纵剖图未完成，如图 3-1-45 所示。同学们依照图纸，绘制圆管涵的纵剖图，并完成本任务的任务工单（表 3-1-5）。

图 3-1-45

表 3-1-5　任务工单——圆管涵纵剖图绘制

本次课堂实践项目	圆管涵的纵剖图绘制		
班级：	姓名：	学号：	
绘图前准备			
绘制方案	简单叙述绘图过程，以及所使用到的 AutoCAD 命令和功能：		
成果			
评分（100 分）			
1	绘图前准备完善，错误一处扣 5 分，扣完为止	配分	得分
		10 分	
2	图纸绘制完整准确，错误一处扣 5 分，扣完为止	配分	
		60 分	
3	图线按照规范要求绘制，没有按规范要求绘制一处扣 5 分，扣完为止	配分	
		20 分	
4	30 分钟内完成该图纸，每超时 1 分钟扣 3 分	配分	
		10 分	
总分			
总结与反思			
观摩同组一位同学的成果，说说他绘图方案的优缺点，并对他的任务成果提出意见：			
总结本次任务：			

任务二 拱涵和盖板涵工程图纸的绘制

任务描述

　　某高速公路设计项目中的桥、涵设计现已拟定了涵洞位置，并已完成相关工程量的计算及涵洞布置图的绘制，现在需将拟定设计的拱涵和盖板涵进行细部图纸绘制。

　　任务：现在你是该项目的设计人员，你能使用 AutoCAD 将拱涵洞身断面图、盖板涵洞身断面图和钢筋图绘制出来吗？

思考	思考1：为了达到精确绘图的目的，我们需要在绘图的过程中用到哪些工具配合绘图命令使用？
	思考2：要绘制拱涵洞身断面图（图 3-2-1），需要用到哪些命令？
	思考3：盖板涵洞身断面图和钢筋图（图 3-2-2、图 3-2-3）绘制，需要用到哪些命令？

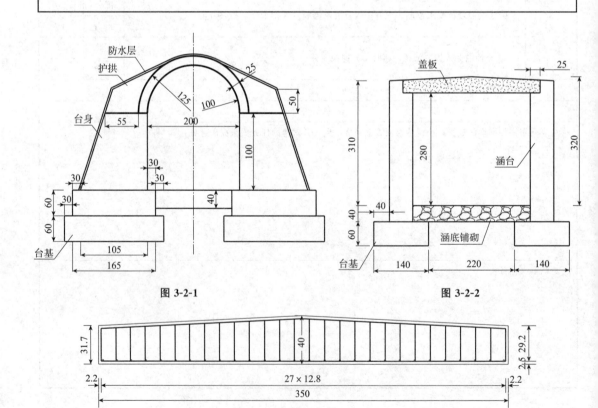

图 3-2-1　　　　　　　　　　　　　　图 3-2-2

图 3-2-3

任务分析

1. AutoCAD 的最小绘图单元是点，而要想绘制出来的图纸足够精确，那就需要掌握好"对象捕捉"相关工具以及坐标的灵活使用。

2. 绘制拱涵洞身断面图，熟悉矩形、圆、移动、捕捉自、镜像、修剪等命令的综合使用。

3. 绘制盖板涵洞身断面图，需要用到直线命令、偏移命令和填充命令。

4. 绘制盖板涵钢筋图的方法有多种，如使用直线命令、定数等分和延伸命令来完成。

相关知识

一、需要使用到的绘图命令

需要使用到的绘图命令除前述表 3-1-1 提及的命令外，其余见表 3-2-1。

表 3-2-1　绘图命令

命令与命令图标	点（PO）	填充（H）
命令执行	点命令可以创建点对象。点命令菜单中的定数等分和定距等分可以等分直线 单点(S) 多点(P) 定数等分(D) 定距等分(M)	填充命令可将指定图案进行图案填充。默认情况下是通过选择图案内部任意一点，系统自动探索封闭图形进行填充；若需要填充的图形不是封闭图形，则需要在填充命令下输入 s，然后手动选择需要填充的图形对象

二、需要用到的修改命令

需要用到的修改命令除前述表 3-1-2 提及的命令外，其余见表 3-2-2。

表 3-2-2　修改命令

命令与命令图标	捕捉自	捕捉切点	镜像（MI）
命令执行	捕捉自命令可获取相对于参照点偏移一定距离的某个点的位置。	捕捉圆、圆弧、椭圆等曲线图形的切点	镜像命令将选中的对象以某条线为中轴线复制一个镜像图形。

77

一、绘制拱涵洞身断面图

绘制拱涵洞身断面图如图 3-2-1 所示。实施步骤见表 3-2-3。

表 3-2-3 绘制拱涵洞身断面图实施步骤

序号	实施步骤	具体操作
1	创建图层	创建图层如图 3-2-4 所示。 图 3-2-4

2	绘制左边的台基	(1)用"矩形"命令绘制台基的第一层。具体过程如下：
		
		命令：_ rectang
		指定第一个角点或[倒角(C)/标高(E)/圆角(F)/厚度(T)/宽度(W)]： //绘图屏幕中任意指定一点
		指定另一个角点或[面积(A)/尺寸(D)/旋转(R)]：d //键盘键入字母 d
		指定矩形的长度<10.0000>：225 //输入 225，矩形的水平边长度
		指定矩形的宽度<10.0000>：60 //输入 60，矩形的垂直边长度
		指定另一个角点或[面积(A)/尺寸(D)/旋转(R)]： //光标在屏幕中指定另一点
		
		结果如图 3-2-5 所示。
		
		225
		60
		图 3-2-5
		
		(2)台基的第二层，首先要找到第二层台基正确的第一点位置。这里可用"直线"命令配合"对象捕捉"工具栏中的"捕捉自"命令完成。捕捉到 A 点，输入相对坐标@30，0，即可让坐标捕捉到正确的位置，如图 3-2-6 所示

序号	实施步骤	具体操作

2	绘制左边的台基	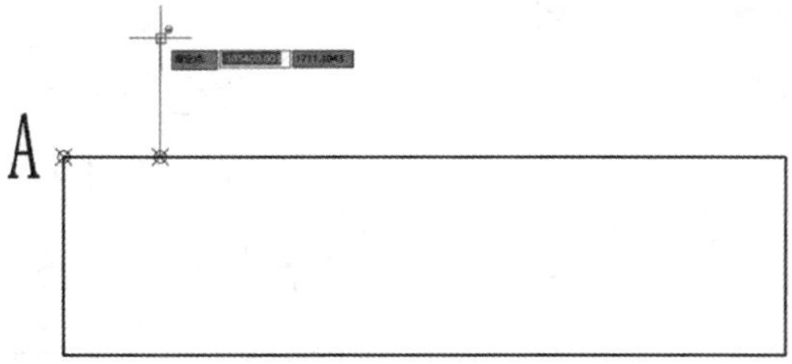
		图 3-2-6
		
		自此，就可以开始使用"直线"命令继续完成第二层台基。整个具体过程如下：
		
		命令：_line
		指定第一个点：_from 基点：〈偏移〉： //选择"捕捉自"命令，光标捕捉 A 点
		>>输入 ORTHOMODE 的新值〈1〉：
		正在恢复执行 LINE 命令。
		〈偏移〉：@30，0 //输入相对坐标
		指定下一点或[放弃(U)]：60 //输入第二层台基的垂直边边长
		指定下一点或[放弃(U)]：165 //输入第二层台基的水平边边长
		指定下一点或[闭合(C)/放弃(U)]：60
		指定下一点或[闭合(C)/放弃(U)]：＊取消＊
		
		结果如图 3-2-7 所示。 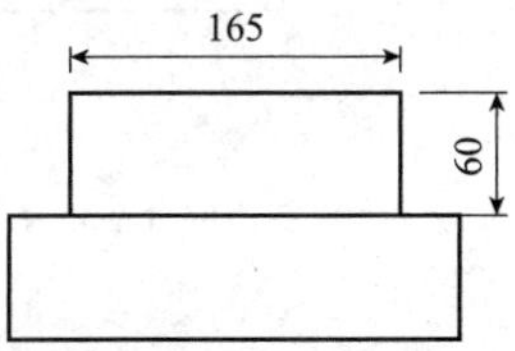
		
		图 3-2-7

3	绘制左边的台身	用"直线"命令配合"对象捕捉"工具栏中的"捕捉自"命令完成。具体过程如下： 命令：_line 指定第一个点：_from 基点：〈偏移〉： //选择"捕捉自"命令，捕捉 B 点 >>输入 ORTHOMODE 的新值〈1〉： 正在恢复执行 LINE 命令。 〈偏移〉：@-30，0 //输入相对边@-30，0 指定下一点或[放弃(U)]：100 指定下一点或[放弃(U)]：80 指定下一点或[闭合(C)/放弃(U)]：_from 基点：〈偏移〉： //选择"捕捉自"命令，捕捉 C 点 >>输入 ORTHOMODE 的新值〈1〉： 正在恢复执行 LINE 命令。 〈偏移〉：@30，0 //输入相对边@30，0 指定下一点或[闭合(C)/放弃(U)]：＊取消＊

序号	实施步骤	具体操作
3	绘制左边的台身	结果如图 3-2-8 所示。 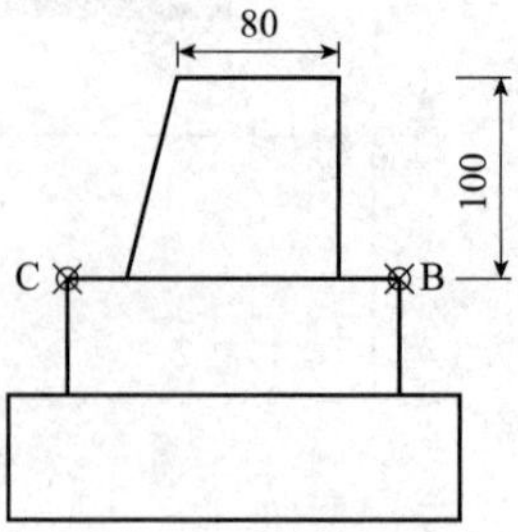 图 3-2-8
4	绘制右边的台基和台身	这里最简单的方法是使用"镜像"命令。 (1)画一条长度为 200 的水平线作为辅助线，如图 3-2-9 所示。 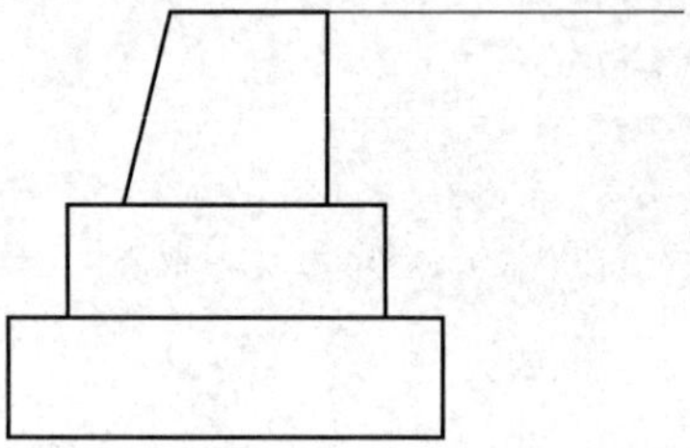 图 3-2-9 (2)可用"镜像"命令，完成右边的台基和台身。具体过程如下： 命令：MI MIRROR 选择对象：指定对角点：找到 7 个 选择对象：找到 1 个，总计 8 个 选择对象：　　　　　　　　　　//选择左边的台基和台身 指定镜像线的第一点：　　　　　//选择 D 点，即辅助线的中点 指定镜像线的第二点：　　　　　//D 点垂直向下选择任意一点即可，如 　　　　　　　　　　　　　　　　图 3-2-10 所示 >>输入 ORTHOMODE 的新值<1>： 正在恢复执行 MIRROR 命令。 指定镜像线的第二点： 要删除源对象吗？[是(Y)/否(N)]<否>：N 结果如图 3-2-11 所示。

序号	实施步骤	具体操作
4	绘制右边的台基和台身	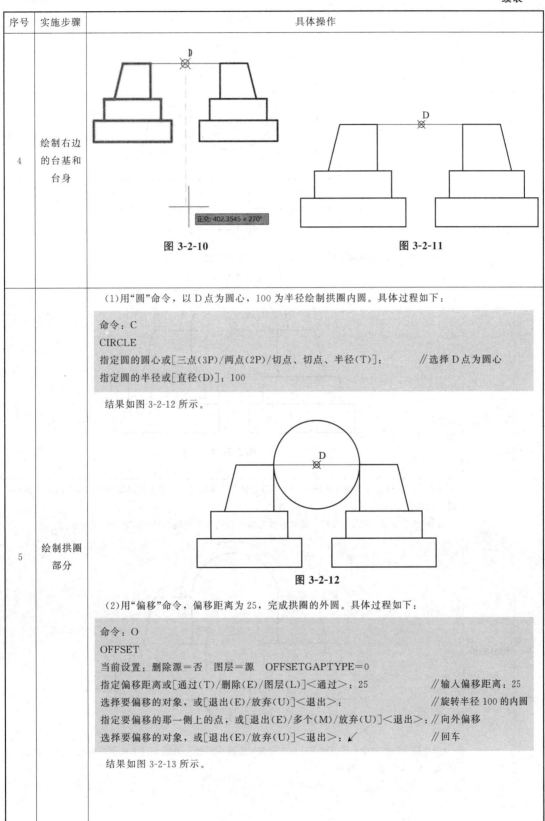

绘制右边的台基和台身部分：

图 3-2-10　　　　　图 3-2-11

| 5 | 绘制拱圈部分 | (1)用"圆"命令，以 D 点为圆心，100 为半径绘制拱圈内圆。具体过程如下：

命令：C
CIRCLE
指定圆的圆心或[三点(3P)/两点(2P)/切点、切点、半径(T)]：　　　　//选择 D 点为圆心
指定圆的半径或[直径(D)]：100

结果如图 3-2-12 所示。

图 3-2-12

(2)用"偏移"命令，偏移距离为 25，完成拱圈的外圆。具体过程如下：

命令：O
OFFSET
当前设置：删除源＝否　图层＝源　OFFSETGAPTYPE＝0
指定偏移距离或[通过(T)/删除(E)/图层(L)]<通过>：25　　　　　//输入偏移距离：25
选择要偏移的对象，或[退出(E)/放弃(U)]<退出>：　　　　　//旋转半径 100 的内圆
指定要偏移的那一侧上的点，或[退出(E)/多个(M)/放弃(U)]<退出>：向外偏移
选择要偏移的对象，或[退出(E)/放弃(U)]<退出>：↙　　　　　//回车

结果如图 3-2-13 所示。 |

序号	实施步骤	具体操作
5	绘制拱圈部分	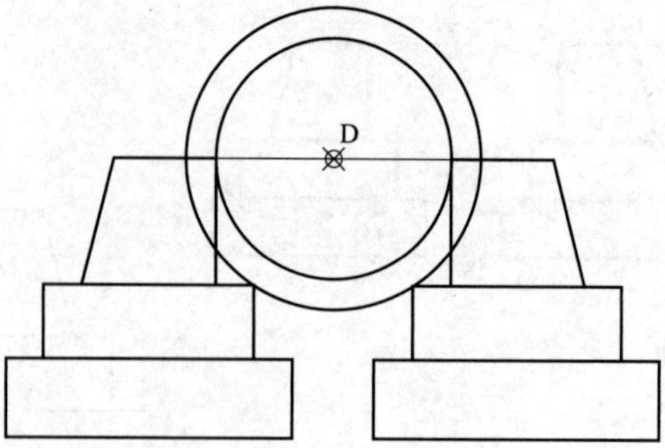 图 3-2-13 (3)用"修剪"命令将多余部分剪去，即完成了拱圈部分。结果如图 3-2-14 所示。 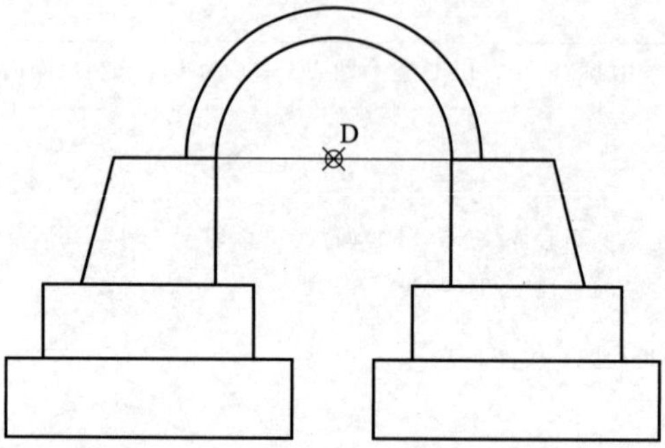 图 3-2-14
6	绘制护拱	绘制护拱的难点在于没有明确的尺寸，但是可以借助间接的位置距离以及"延伸"命令找到护拱的起点位置。 (1)将红色直线 EF 向上偏移，偏移距离为 50，得到蓝色直线 MN，如图 3-2-15 所示。 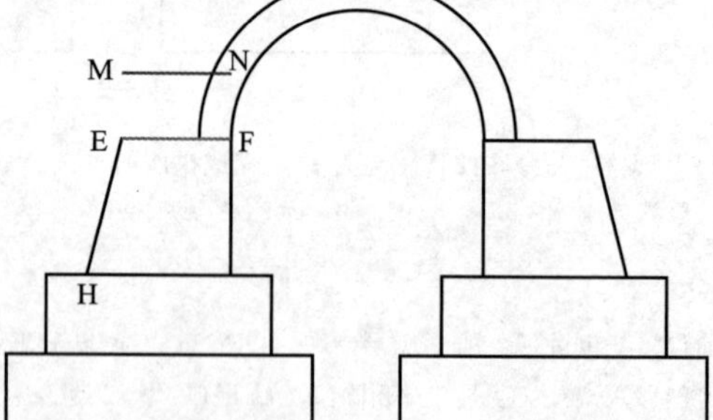 图 3-2-15 (2)使用"延伸"命令，将直线 EH 向上延伸至直线 MN 处，如图 3-2-16 所示，即找到护拱的起点位置点 S，如图 3-2-17 所示。

序号	实施步骤	具体操作
6	绘制护拱	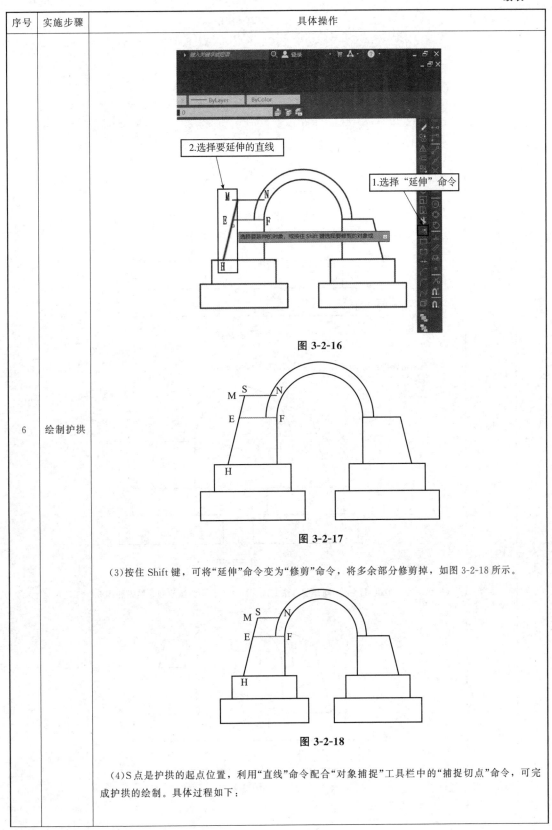 图 3-2-16 图 3-2-17 (3)按住 Shift 键，可将"延伸"命令变为"修剪"命令，将多余部分修剪掉，如图 3-2-18 所示。 图 3-2-18 (4)S 点是护拱的起点位置，利用"直线"命令配合"对象捕捉"工具栏中的"捕捉切点"命令，可完成护拱的绘制。具体过程如下：

序号	实施步骤	具体操作
		命令：_ line 指定第一个点：　　　　　　　　　//光标选择 S 点 指定下一点或[放弃(U)]：_ tan 到　//先在对象捕捉工具栏中选择"捕捉切点"命令，然后 　　　　　　　　　　　　　　　　　将光标放到圆上捕捉切点，如图 3-2-19 所示 指定下一点或[放弃(U)]：* 取消 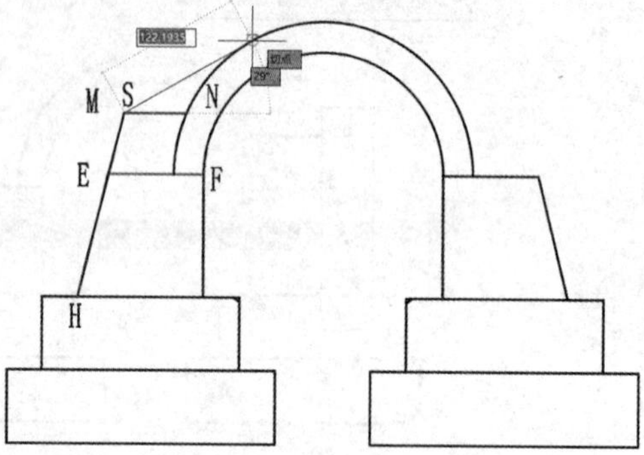 * 图 3-2-19 直线 SN 是辅助线，删掉以后，结果如图 3-2-20 所示。 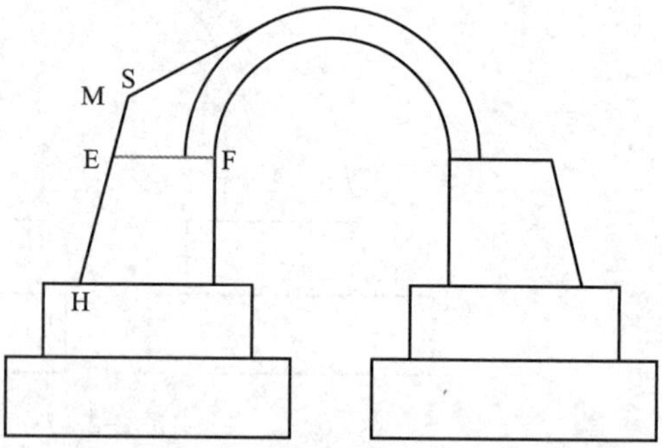 图 3-2-20 (5)另一边的护拱可用上述同样的方法完成，同学们自行尝试绘制，结果如图 3-2-21 所示 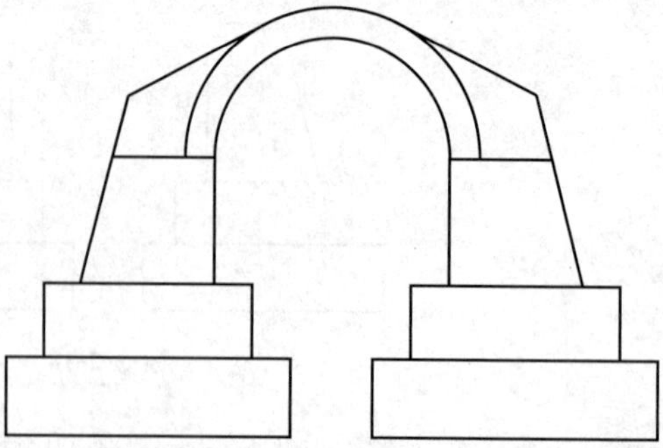 图 3-2-21
6	绘制护拱	

序号	实施步骤	具体操作
7	防水层的绘制	最后防水层可用"偏移"命令完成，偏移距离为5。得到防水层的轮廓后，再用"修剪"命令将多余部分剪去，即可完成拱涵洞身断面图的绘制，如图3-2-22所示 图 3-2-22
8	整个拱涵的绘制过程可扫码观看教学视频，见二维码	

二、绘制盖板涵洞身断面图

绘制盖板涵洞洞身断面图如图 3-1-2 所示。实施步骤见表 3-2-4。

表 3-2-4　绘制盖板涵洞洞身断面图实施步骤

序号	实施步骤	具体操作
1	创建图层	依据图纸要求创建图层，如图3-2-23所示。 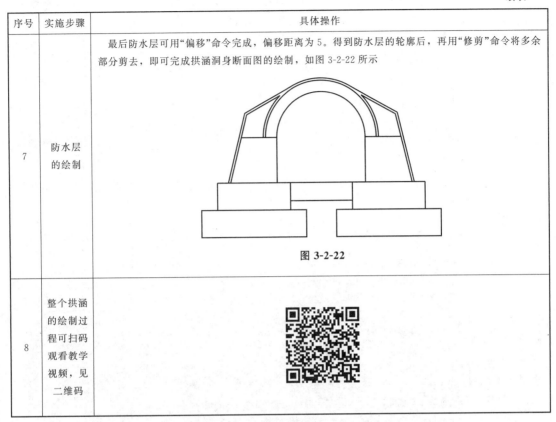 图 3-2-23

序号	实施步骤	具体操作
2	绘制左边的台基和涵台	(1)用"直线"命令绘制台基，具体操作如下： 命令：_line 指定第一个点： 指定下一点或[放弃(U)]：60 指定下一点或[放弃(U)]：140 指定下一点或[闭合(C)/放弃(U)]：60 指定下一点或[闭合(C)/放弃(U)]：c (2)用"直线"命令和"偏移"命令绘制涵台，这里要用到"捕捉自"功能，实现精确作图，具体操作如下： 命令： 命令：_line 指定第一个点：_from 基点：＜偏移＞：　　　　　　　//选择"捕捉自"命令 ＞＞输入 ORTHOMODE 的新值＜1＞： 正在恢复执行 LINE 命令。 ＜偏移＞：@40，0　　　　　　　　　　　　　　//输入相对坐标@40，0 指定下一点或[放弃(U)]：350 指定下一点或[放弃(U)]： 命令：O OFFSET 当前设置：删除源＝否　图层＝源　OFFSETGAPTYPE＝0 指定偏移距离或[通过(T)/删除(E)/图层(L)]＜通过＞：60 选择要偏移的对象，或[退出(E)/放弃(U)]＜退出＞： 指定要偏移的那一侧上的点，或[退出(E)/多个(M)/放弃(U)]＜退出＞： 选择要偏移的对象，或[退出(E)/放弃(U)]＜退出＞： 结果如图 3-2-24 所示 图 3-2-24

序号	实施步骤	具体操作
3	绘制涵底铺砌、右边的台基和涵台	(1)用"直线"命令绘制涵底铺砌下面的边，结果如图 3-2-25 所示。 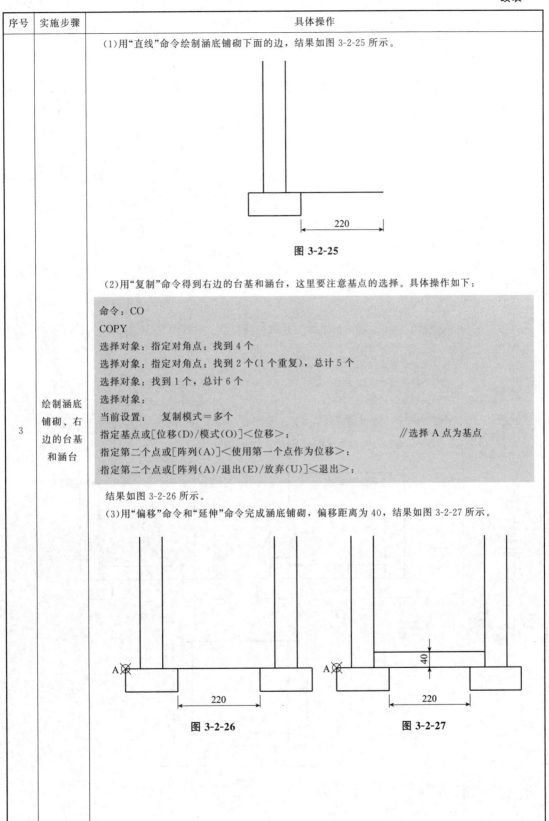 图 3-2-25 (2)用"复制"命令得到右边的台基和涵台，这里要注意基点的选择。具体操作如下： 命令：CO COPY 选择对象：指定对角点：找到 4 个 选择对象：指定对角点：找到 2 个(1 个重复)，总计 5 个 选择对象：找到 1 个，总计 6 个 选择对象： 当前设置：　复制模式＝多个 指定基点或[位移(D)/模式(O)]＜位移＞：　　　　　　　//选择 A 点为基点 指定第二个点或[阵列(A)]＜使用第一个点作为位移＞： 指定第二个点或[阵列(A)/退出(E)/放弃(U)]＜退出＞： 结果如图 3-2-26 所示。 (3)用"偏移"命令和"延伸"命令完成涵底铺砌，偏移距离为 40，结果如图 3-2-27 所示。 图 3-2-26　　　　　　　　　　　图 3-2-27

序号	实施步骤	具体操作
4	绘制盖板部分，并完成实体填充	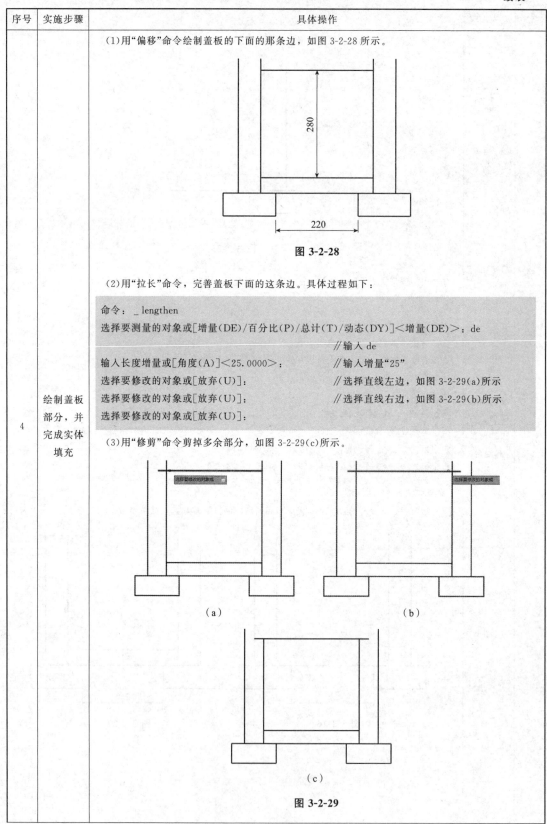

(1)用"偏移"命令绘制盖板的下面的那条边，如图 3-2-28 所示。

图 3-2-28

(2)用"拉长"命令，完善盖板下面的这条边。具体过程如下：

命令：_ lengthen
选择要测量的对象或[增量(DE)/百分比(P)/总计(T)/动态(DY)]<增量(DE)>：de
                 //输入 de
输入长度增量或[角度(A)]<25.0000>： //输入增量"25"
选择要修改的对象或[放弃(U)]：   //选择直线左边，如图 3-2-29(a)所示
选择要修改的对象或[放弃(U)]：   //选择直线右边，如图 3-2-29(b)所示
选择要修改的对象或[放弃(U)]：

(3)用"修剪"命令剪掉多余部分，如图 3-2-29(c)所示。

（a）   （b）

（c）

图 3-2-29

序号	实施步骤	具体操作
4	绘制盖板部分，并完成实体填充	（4）用"直线"命令从涵底铺砌的中点出发画一条垂直的辅助线，辅助线的长度为320，如图3-2-30所示。 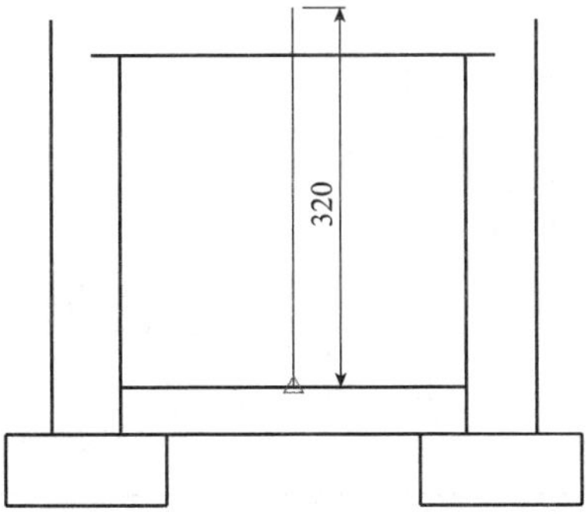 图 3-2-30 （5）用"直线"命令将该连接的地方连接起来，该封口的地方进行封闭处理。如图3-2-31所示。 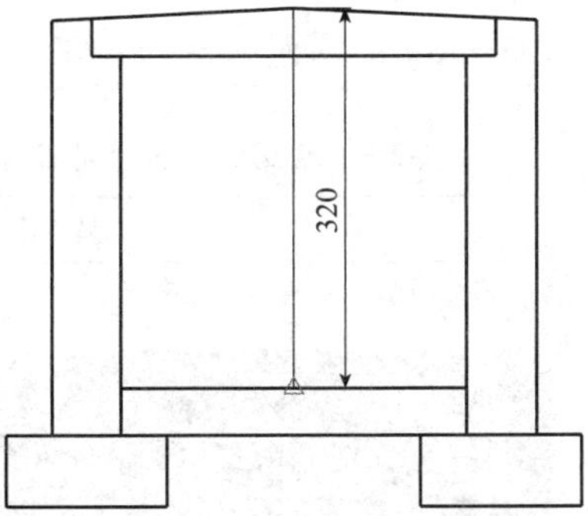 图 3-2-31 （6）用"填充"命令，完成实体的填充。这里需要注意的是填充的部分必须是封闭的图形，否则填充出来的结果将出现错误。先来进行涵底铺砌的填充，如图3-2-32所示。 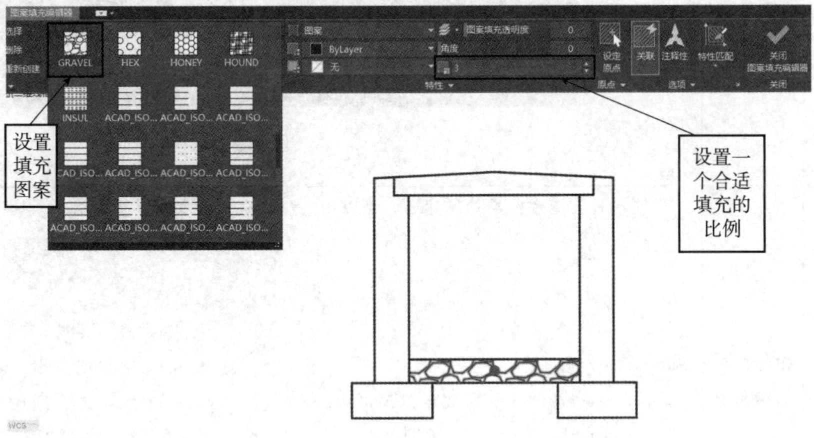 图 3-2-32 同样方法填充盖板部分，此次填充比例要缩小，最后结果如图3-2-33所示。

序号	实施步骤	具体操作
4	绘制盖板部分，并完成实体填充	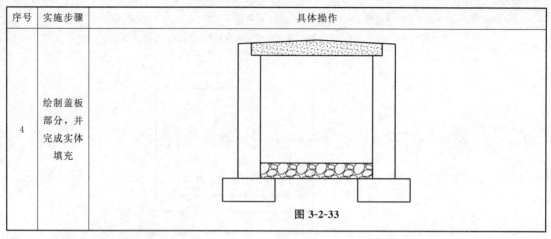 图 3-2-33

三、绘制盖板涵的钢筋图

绘制盖板涵的钢筋图如图 3-2-3 所示。实施步骤见表 3-2-5。

表 3-2-5 绘制盖板涵的钢筋图实施步骤

序号	实施步骤	具体操作
1	将当前图层设置为"配筋层"	依据需求修改当前图层，如图 3-2-34 所示。 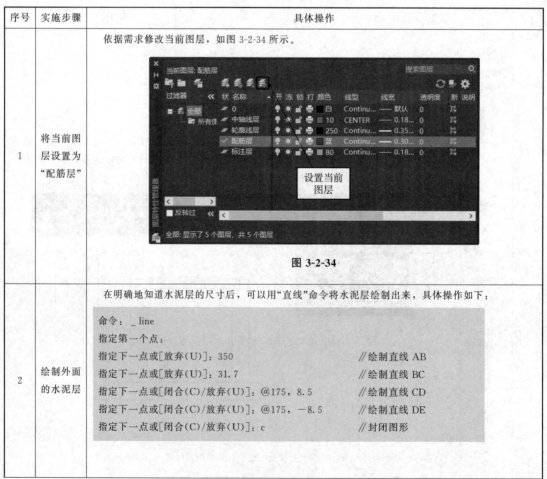 图 3-2-34

2	绘制外面的水泥层	在明确地知道水泥层的尺寸后，可以用"直线"命令将水泥层绘制出来，具体操作如下：
		命令：_line
		指定第一个点：
		指定下一点或[放弃(U)]：350　　　　　　　　//绘制直线 AB
		指定下一点或[放弃(U)]：31.7　　　　　　　 //绘制直线 BC
		指定下一点或[闭合(C)/放弃(U)]：@175, 8.5　//绘制直线 CD
		指定下一点或[闭合(C)/放弃(U)]：@175, −8.5 //绘制直线 DE
		指定下一点或[闭合(C)/放弃(U)]：c　　　　　//封闭图形

序号	实施步骤	具体操作
3	绘制钢筋	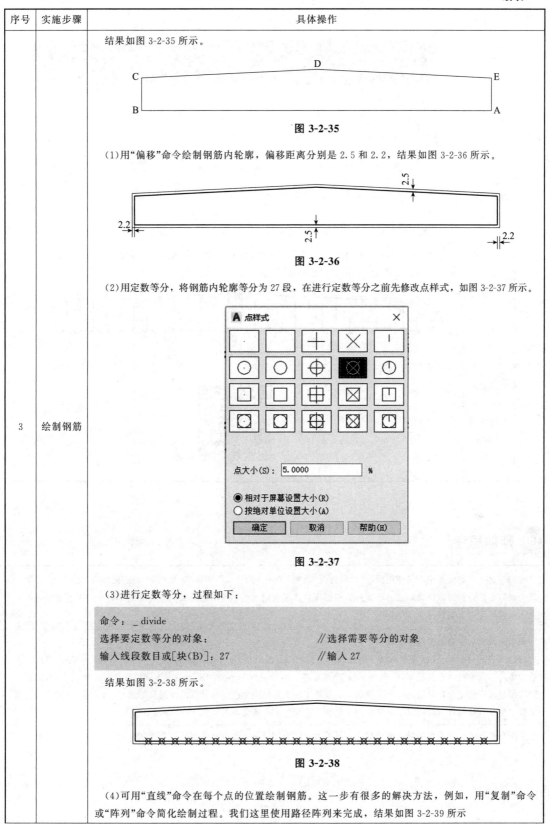

结果如图 3-2-35 所示。

图 3-2-35

(1)用"偏移"命令绘制钢筋内轮廓,偏移距离分别是 2.5 和 2.2,结果如图 3-2-36 所示。

图 3-2-36

(2)用定数等分,将钢筋内轮廓等分为 27 段,在进行定数等分之前先修改点样式,如图 3-2-37 所示。

图 3-2-37

(3)进行定数等分,过程如下:

命令:_ divide
选择要定数等分的对象: //选择需要等分的对象
输入线段数目或[块(B)]:27   //输入 27

结果如图 3-2-38 所示。

图 3-2-38

(4)可用"直线"命令在每个点的位置绘制钢筋。这一步有很多的解决方法,例如,用"复制"命令或"阵列"命令简化绘制过程。我们这里使用路径阵列来完成,结果如图 3-2-39 所示

序号	实施步骤	具体操作
3	绘制钢筋	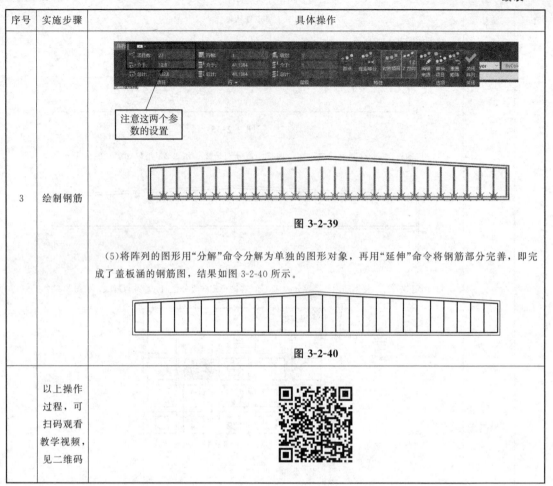注意这两个参数的设置 图 3-2-39 (5)将阵列的图形用"分解"命令分解为单独的图形对象，再用"延伸"命令将钢筋部分完善，即完成了盖板涵的钢筋图，结果如图 3-2-40 所示。 图 3-2-40
	以上操作过程，可扫码观看教学视频，见二维码	

🎯 延伸思考

我们在这一次的任务中不仅使用到了"对象捕捉"功能，还使用了"对象捕捉"工具栏中的"捕捉切点""捕捉自"功能来帮助我们定位一些特殊位置的点。那么同学们思考，如果我们不用这些功能对我们绘制的图纸有什么影响呢？
下面请先看以下案例：

美国凯悦酒店中庭天桥坍塌事故
1981 年 7 月 17 日，美国堪萨斯城·凯悦酒店天桥坍塌事故共造成 114 人死亡、216 人受伤，是为当时全美死亡人数最多的工程事故，直至被 2001 年"9·11"事件超越。而造成这起事故的原因是因为原始设计采用长达 14 米的吊杆同时吊起两层的走廊，每层用一个螺栓固定；而由于施工方偷懒更改了设计图纸中吊杆的尺寸，而设计方收到变更图纸以后也没有认真审查就通过了施工方的变更。由此导致了一场悲剧的发生

中国有句古话——千里之堤，溃于蚁穴。看了上面的案例以后，你有什么想法与思考呢？

前面我们完成了盖板涵的洞身断面图和钢筋图，现在还有盖板涵的出口断面图未完成，如图 3-2-41 所示。请同学们依照图纸，绘制出口断面图的纵剖图，并完成本任务的任务工单(表 3-2-6)。

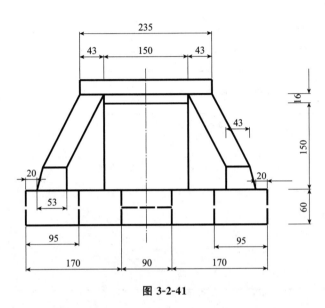

图 3-2-41

表 3-2-6　任务工单——盖板涵出口断面图绘制

本次课堂实践项目	涵洞纵剖图的绘制		
	班级：	姓名：	学号：
绘图前准备			
绘制方案	简单叙述绘图过程，以及所使用到的 AutoCAD 命令和功能：		
成果			

本次课堂实践项目	涵洞纵剖图的绘制		
评分（100分）			
1	绘图前准备完善，错误一处扣5分，扣完为止	配分	得分
		10分	
2	图纸绘制完整准确，错误一处扣5分，扣完为止	配分	
		60分	
3	图线按照规范要求绘制，没有按规范要求绘制，一处扣5分，扣完为止	配分	
		20分	
4	30分钟内完成该图纸，每超时1分钟扣3分	配分	
		10分	
总分			
总结与反思			

观摩同组一位同学的成果，说说他绘图方案的优缺点，并对他的任务成果提出意见：

总结本次任务：

任务三　涵洞洞口图的标注

任务描述

在某高速公路设计项目中，根据排水、农灌需要，并结合当地地形、地质而设计了一系列涵洞。现在，设计人员已完成了涵洞图纸的绘制，需要给图纸进行标注，方便施工人员参照图纸进行施工。

任务：如果你是该项目的设计人员，你能对圆管涵工程图纸进行完整、准确地标注吗？

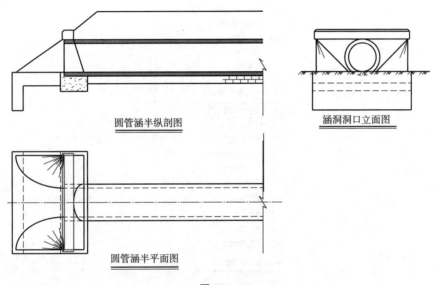

圆管涵半纵剖图   涵洞洞口立面图

圆管涵半平面图

图 3-3-1

🎯 任务分析

1. 因为系统初始设置的标注样式往往在实际图纸中显示时，文字、箭头等标注元素不是过小就是过大，图纸达不到想要的标注效果。而想要高效快速地完成图纸标注，就需要先按图纸的出图比例设置好标注样式和文字样式，这样才能避免标注时频繁地修改尺寸标注的尺寸线和文字等属性。

2. 标注的原则主要依据《道路工程制图标准》(GB 50162—1992)。而根据"长对正、高平齐、宽相等"的三视投影规律，在做标注时，可有选择地对图形进行标注，避免尺寸标注缺失的同时，也避免标注太多使得图纸显得凌乱。

3. 圆管涵工程图(图3-3-1)需要先完成标注样式和文字样式设置，然后会使用到线性标注、半径标注、角度标注、连续标注等。

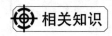

一、文字样式与标注样式的设置

文字标注、尺寸标注的格式、属性设置见表 3-3-1。

表 3-3-1　文字标注、尺寸标注的格式、属性设置

(1)文字标注的格式设置
文字标注格式设置：在"格式"菜单中选择"文字样式"命令，如图 3-3-2 所示。  图 3-3-2 在弹出的"文字样式"对话框中，新建名称为"标注"的文字样式，其属性设置如图 3-3-3 所示。 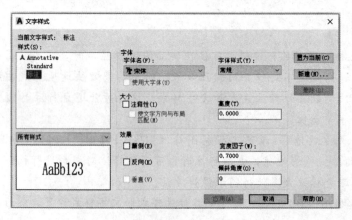 图 3-3-3

(2)尺寸标注的格式设置

尺寸标注格式的设置：在"格式"菜单中选择"标注样式"命令，如图 3-3-4 所示。

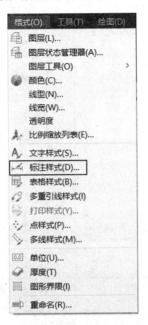

图 3-3-4

在弹出的"标注样式管理器"对话框中，新建名称为"标注"的尺寸标注样式，其一系列属性设置如图 3-3-5 所示。

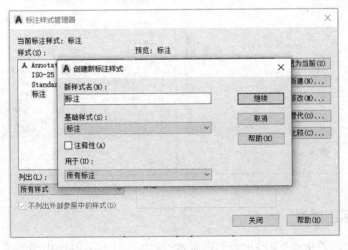

图 3-3-5

(3)尺寸标注样式的属性设置。在进行尺寸标注之前，要建立尺寸标注的样式。用户如果认为使用的标注样式某些设置不合适，可以修改标注样式。

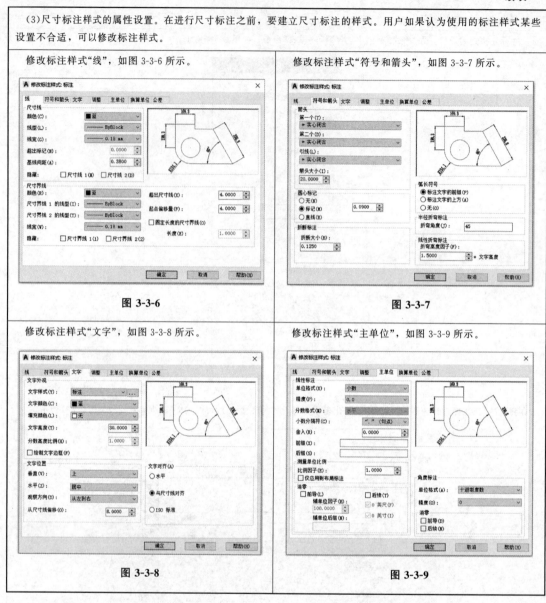

修改标注样式"线"，如图 3-3-6 所示。	修改标注样式"符号和箭头"，如图 3-3-7 所示。
图 3-3-6	图 3-3-7
修改标注样式"文字"，如图 3-3-8 所示。	修改标注样式"主单位"，如图 3-3-9 所示。
图 3-3-8	图 3-3-9

二、图纸标注原则

(1)图纸标注需要依据《道路工程制图标准》(GB 50162—1992)中的要求进行。

(2)尺寸应标注在视图醒目的位置。计量时，应以标注的尺寸数字为准，不得用量尺直接从图中量取。尺寸应由尺寸界线、尺寸线、尺寸起止符和尺寸数字组成。

(3)尺寸界线与尺寸线均应采用细实线。尺寸起止符宜采用单边箭头表示，箭头在尺寸界线的右边时，应标注在尺寸线之上；反之，应标注在尺寸线之下。箭头大小可按绘图比例取值。尺寸数字宜标注在尺寸线上方中部。当标注位置不足时，可采用反向箭头。最外边的尺寸数字可标注在尺寸界线外侧箭头的上方，中部相邻的尺寸数字，可错开标注。

(4)尺寸界线的一端应靠近所标注的图形轮廓线，另一端宜超出尺寸线 1~3 mm。图形轮廓线、中心线也可作为尺寸界线。尺寸界线宜与被标注长度垂直；当标注困难时，也可不垂直，但尺寸界线应相互平行。

（5）尺寸线必须与被标注长度平行，不应超出尺寸界线，任何其他图线均不得作为尺寸线。在任何情况下，图线不得穿过尺寸数字。相互平行的尺寸线应从被标注的图形轮廓线由近向远排列，平行尺寸线间的间距可在 5～15 mm。

（6）标注倒角尺寸线时，若间距较小，可用引线标注。

（7）当坡度值较小时，坡度的标注宜用百分率表示，并应标注坡度符号。当坡度值较大时，坡度的标注宜用比例的形式表示，如 $1:n$。

三、图纸标注的方法

在进行标注时，可按定形标注→定位标注→总体标注这一顺序再结合投影规律进行图纸标注。如对图 3-3-10 进行标注。

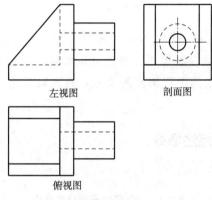

图 3-3-10

标注过程如下：

(1)定形标注为确定各基本形状和大小的尺寸，如图 3-3-11(a)所示。

(2)定位标注为确定构成平面图形的基本图体之间相对位置的尺寸，如图 3-3-11(b)所示。

(3)总体标注为平面图形长、宽、高三个方向的最大尺寸，如图 3-3-11(c)所示。

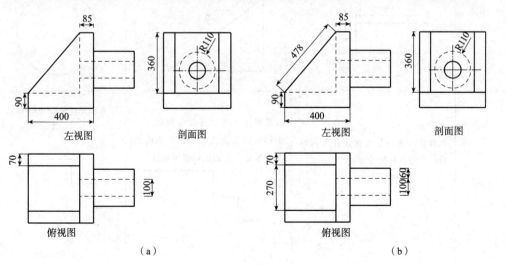

（a）   （b）

图 3-3-11

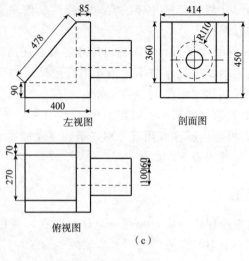

左视图   剖面图

俯视图

（c）

图 3-3-11（续）

　　从这个例子可知，并不需要对图纸中的每个图形都进行标注。例如，左视图中的小圆半径没有进行标注，但是根据投影规律，我们可从俯视图中得知，它的半径是 50。由此，同一个物体最多只需要标注某两个投影面的尺寸，即可知道这个物体的具体尺寸。这就是投影规律在标注中的应用。

四、需要用到的尺寸标注命令

　　常用的尺寸标注命令见表 3-3-2。

表 3-3-2　常用的尺寸标注命令

标注命令	线性标注	对齐标注	半径标注
命令执行	线性标注命令可创建水平、垂直或者旋转的尺寸标注 15 6	对齐标注命令可创建任意非水平或者垂直的直线的尺寸标注 50	半径标注命令可创建任意圆弧或者圆的半径尺寸标注 R10
命令执行	直径标注命令可创建任意圆弧或者圆的直径尺寸标注 φ27	连续标注命令可以自动从上一个创建的或者选定线性、角度或者坐标标注开始生成多个标注 10 10 10	基线标注命令可以自动从上一个或者选定标注开始生成多个标注 10 20 50

⊕ **任务实施**

对圆管涵工程图进行标注的实施步骤见表 3-3-3。

表 3-3-3　圆管涵工程图标注实施步骤

序号	实施步骤	具体操作
1	截水墙和护坡标注	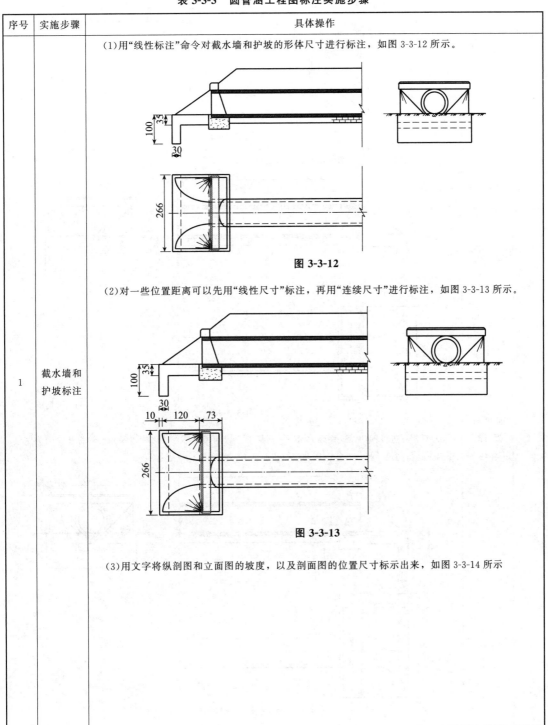

(1)用"线性标注"命令对截水墙和护坡的形体尺寸进行标注,如图 3-3-12 所示。

图 3-3-12

(2)对一些位置距离可以先用"线性尺寸"标注,再用"连续尺寸"进行标注,如图 3-3-13 所示。

图 3-3-13

(3)用文字将纵剖图和立面图的坡度,以及剖面图的位置尺寸标示出来,如图 3-3-14 所示

序号	实施步骤	具体操作
1	截水墙和护坡标注	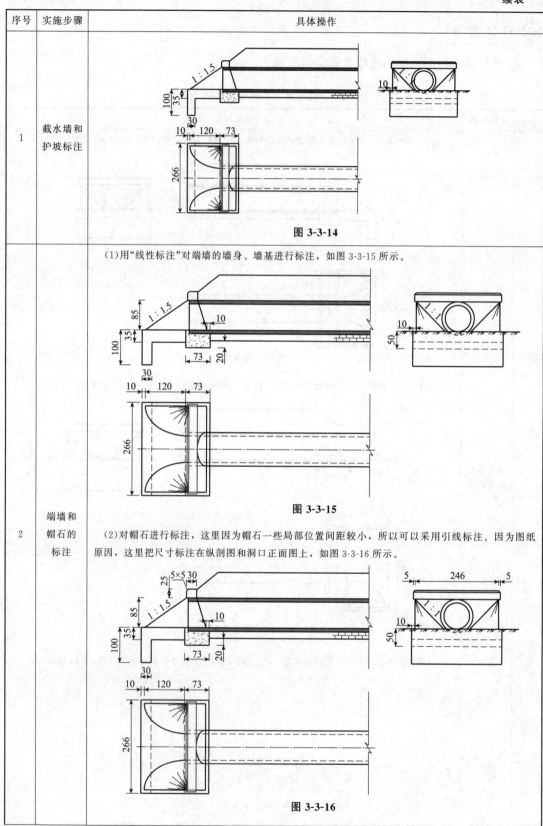 图 3-3-14
2	端墙和帽石的标注	(1)用"线性标注"对端墙的墙身、墙基进行标注，如图 3-3-15 所示。 图 3-3-15 (2)对帽石进行标注，这里因为帽石一些局部位置间距较小，所以可以采用引线标注。因为图纸原因，这里把尺寸标注在纵剖图和洞口正面图上，如图 3-3-16 所示。 图 3-3-16

序号	实施步骤	具体操作
2	端墙和帽石的标注	（3）根据投影规律，虽然平面图上没有对帽石进行标注，但通过纵剖图和洞口平面图，我们依然可以知道平面图上帽石的尺寸。
3	管身和涵底铺砌的标注	用直径和半径标注命令标注管身，用线性标注命令标注涵底铺砌，如图 3-3-17 所示。 图 3-3-17

任务训练

根据给出的窨井立体图和主视方向的剖面图 I-I，画出窨井的三视图，并对其进行尺寸标注，如图 3-3-18 所示，并完成本任务的任务工单(表 3-3-4)。

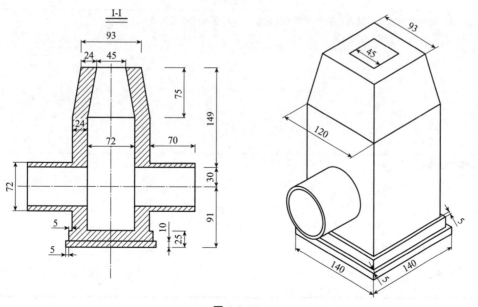

图 3-3-18

表 3-3-4　任务工单——图纸绘制与标注

本次课堂实践项目	图纸绘制与标注		
班级：　　　　　姓名：　　　　　学号：			
绘图前准备			
绘制方案	简单叙述绘图过程，以及所使用到的 AutoCAD 命令和功能：		
成果			
评分（100 分）			
1	绘图前准备完善，错误一处扣 5 分，扣完为止	配分	得分
		10 分	
2	图纸绘制完整准确，错误一处扣 5 分，扣完为止	配分	
		40 分	
3	图线按照规范要求绘制，没有按规范要求绘制，一处扣 5 分，扣完为止	配分	
		10 分	
4	标注完整、准确，错误一处扣 5 分	配分	
		30 分	
5	30 分钟内完成该图纸，每超时 1 分钟扣 3 分	配分	
		10 分	
总分			
总结与反思			
观摩同组一位同学的成果，说说他绘图方案的优缺点，并对他的任务成果提出意见：			
总结本次任务：			

项目四　桥梁工程图纸的绘制

知识目标： 了解部分桥的结构及其构件的组成、巩固复习图纸的识读方法。

技能目标： 掌握桥构件工程图的绘制方法与绘制技巧。

素质目标： 提升工作责任感，强化精益求精的工作意识。

项目介绍

　　桥梁是道路需要跨越河流、山谷时与其他路线立体交叉时而修建的工程构造物。它既保障了道路交通的畅通，又保证了水流、船舶或其他路线的正常运行，是交通运输中重要的组成部分。桥梁相关知识思维导图如图 4-0-1 所示。

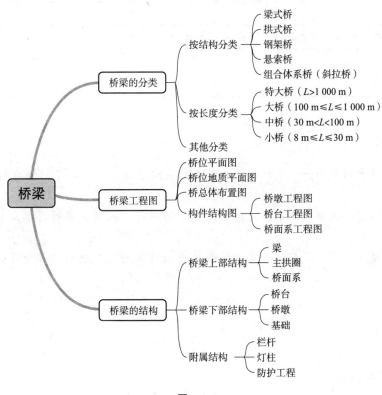

图 4-0-1

任务一 桥梁下部结构图纸的绘制

　　某设计院根据某高速公路的使用性质、功能，结合沿线工程地质特征及筑路材料状况，按照经济、适用、安全、美观的设计原则设计了一座中桥。现已完成了该桥梁的桥位平面图、桥位地质平面图与总体布置图。

　　任务：完成这座桥的下部结构图，即桥台工程图和桥墩工程图。

思考	思考 1：为了达到高效绘图的目的，我们需要先做哪些准备工作？
?	
	思考 2：U 形桥台由哪些部分组成？桥台工程图需要用到哪些命令？
	思考 3：桥墩由哪些部分组成？桥墩工程图需要用到哪些命令？

任务分析

　　1. 桥墩和桥台的结构——了解桥墩的组成及其构造图的组成，了解桥台的组成及其构造图的组成。

　　2. 桥台构造的绘制——掌握完整绘图过程的同时，从三视图的角度出发使用 AutoCAD 绘制图纸。

　　3. 桥墩构造图的绘制过程——掌握绘制桥梁构件图的完整过程及 AutoCAD 命令使用的技巧。

相关知识

一、绘图前准备

　　正式绘图之前，需要创建好图层、标注样式和文字样式，如图 4-1-1～图 4-1-3 所示。

图 4-1-1

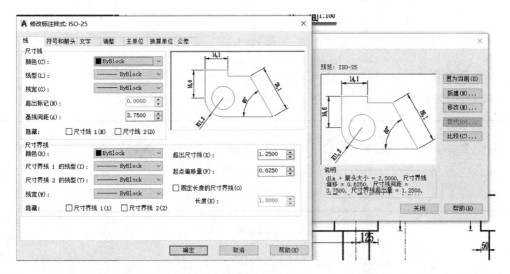

图 4-1-2

图 4-1-3

二、桥台的结构及其工程图绘制所需使用的命令

1. 桥台的组成

该座桥梁使用的是 U 型桥台，其结构如图 4-1-4 所示。

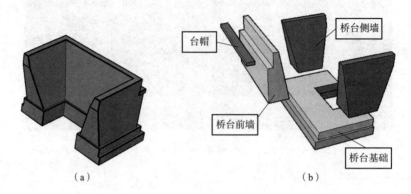

（a）　　　　　　　　　　　　　　（b）

图 4-1-4

2. 绘图命令

绘制桥台工程图需要用到的命令，如图 4-1-5 所示。

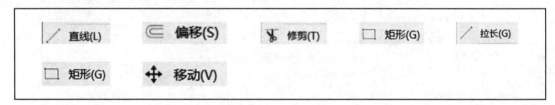

图 4-1-5

三、桥墩的结构及绘制桥墩构造图所需用到的命令

1. 桥墩的结构

该座桥梁使用的是桩柱式桥墩，其结构如图 4-1-6 所示。

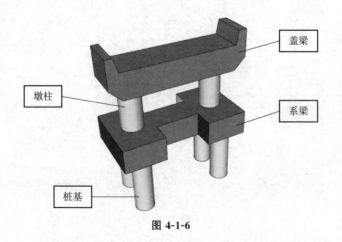

图 4-1-6

2. 绘图命令

绘制桥墩构造图需使用到的命令，如图 4-1-7 所示。

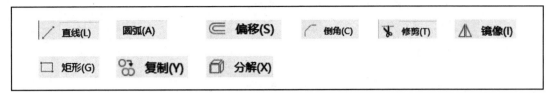

图 4-1-7

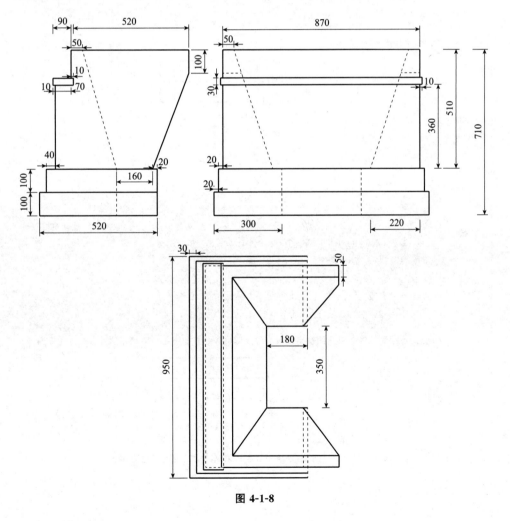

✪ 任务实施

一、绘制 U 形桥台

绘制 U 形桥台图，桥台结构如图 4-1-8 所示。实施步骤见表 4-1-1。

图 4-1-8

表 4-1-1　绘制 U 型桥台实施步骤

序号	实施步骤	具体操作
1	绘制桥台基础	(1)绘制基础的主视图用"矩形"命令，具体过程如下： 命令：REC　　　　　　　　　　　　　　　　　　　　　　　　　//绘制矩形 ABCD RECTANG 指定第一个角点或[倒角(C)/标高(E)/圆角(F)/厚度(T)/宽度(W)]： 指定另一个角点或[面积(A)/尺寸(D)/旋转(R)]：d 指定矩形的长度<520.0000>：520 指定矩形的宽度<100.0000>：100 指定另一个角点或[面积(A)/尺寸(D)/旋转(R)]： 命令：REC RECTANG 指定第一个角点或[倒角(C)/标高(E)/圆角(F)/厚度(T)/宽度(W)]：　　//选择 C 点 指定另一个角点或[面积(A)/尺寸(D)/旋转(R)]：d 指定矩形的长度<52.0000>：490 指定矩形的宽度<10.0000>：100 指定另一个角点或[面积(A)/尺寸(D)/旋转(R)]： 结果如图 4-1-9 所示。 图 4-1-9 (2)用"直线"命令，配合"对象捕捉"工具栏中的"捕捉自"功能，完成主视图中看不见的轮廓线。过程如下： 命令：_ line 指定第一个点：_ from 基点：<偏移>：　　　　//"对象捕捉"工具栏中选择"捕捉自"按钮 >>输入 ORTHOMODE 的新值<0>：　　　　　　//选择 B 点 正在恢复执行 LINE 命令。 <偏移>：@-180,0　　　　　　　　　　　　　//输入相对坐标 指定下一点或[放弃(U)]：　　<正交开>200 指定下一点或[放弃(U)]：＊取消＊ (3)将绘制的这条直线的线型设置为虚线即可，结果如图 4-1-10 所示。 图 4-1-10 (4)绘制俯视图。用"直线"命令绘制最底一层基础的俯视图，过程如下：

序号	实施步骤	具体操作
1	绘制桥台基础	命令：_line 指定第一个点： 指定下一点或[放弃(U)]：950 指定下一点或[放弃(U)]：520 指定下一点或[闭合(C)/放弃(U)]：300 指定下一点或[闭合(C)/放弃(U)]：180 指定下一点或[闭合(C)/放弃(U)]：350 指定下一点或[闭合(C)/放弃(U)]：180 指定下一点或[闭合(C)/放弃(U)]：300 指定下一点或[闭合(C)/放弃(U)]：c 结果如图 4-1-11 所示。 图 4-1-11 (5)用"偏移"命令和"修剪"命令绘制上面一层基础，过程如下： 命令：O OFFSET 当前设置：删除源=否　图层=源　OFFSETGAPTYPE=0 指定偏移距离或[通过(T)/删除(E)/图层(L)]<30.0000>：30 选择要偏移的对象，或[退出(E)/放弃(U)]<退出>：　　　　　　//向内偏移 指定要偏移的那一侧上的点，或[退出(E)/多个(M)/放弃(U)]<退出>： 选择要偏移的对象，或[退出(E)/放弃(U)]<退出>： 命令：O OFFSET 当前设置：删除源=否　图层=源　OFFSETGAPTYPE=0 指定偏移距离或[通过(T)/删除(E)/图层(L)]<3.0000>：20 选择要偏移的对象，或[退出(E)/放弃(U)]<退出>：　　　　　　//向内偏移 指定要偏移的那一侧上的点，或[退出(E)/多个(M)/放弃(U)]<退出>：

序号	实施步骤	具体操作
1	绘制桥台基础	选择要偏移的对象，或[退出(E)/放弃(U)]<退出>： 指定要偏移的那一侧上的点，或[退出(E)/多个(M)/放弃(U)]<退出>： 选择要偏移的对象，或[退出(E)/放弃(U)]<退出>： 命令：_ trim 当前设置：投影＝UCS，边＝无，模式＝快速 选择要修剪的对象，或按住 Shift 键选择要延伸的对象或 [剪切边(T)/窗交(C)/模式(O)/投影(P)/删除(R)]： 选择要修剪的对象，或按住 Shift 键选择要延伸的对象或 [剪切边(T)/窗交(C)/模式(O)/投影(P)/删除(R)/放弃(U)]： 选择要修剪的对象，或按住 Shift 键选择要延伸的对象或 [剪切边(T)/窗交(C)/模式(O)/投影(P)/删除(R)/放弃(U)]： 选择要修剪的对象，或按住 Shift 键选择要延伸的对象或 [剪切边(T)/窗交(C)/模式(O)/投影(P)/删除(R)/放弃(U)]： 选择要修剪的对象，或按住 Shift 键选择要延伸的对象或 [剪切边(T)/窗交(C)/模式(O)/投影(P)/删除(R)/放弃(U)]： 结果如图 4-1-12 所示。 图 4-1-12

(6)绘制基础的侧面视图。用"直线"命令可完成基础的侧面视图，这个过程比较简单，关键在于侧面视图的尺寸如何确定。这里最简单的方式是通过三项等关系，从俯视图和主视图中了解侧面视图中没有明确标注的尺寸。具体绘制过程比较简单，同学们可尝试完成，结果如图 4-1-13 所示

序号	实施步骤	具体操作
1	绘制桥台基础	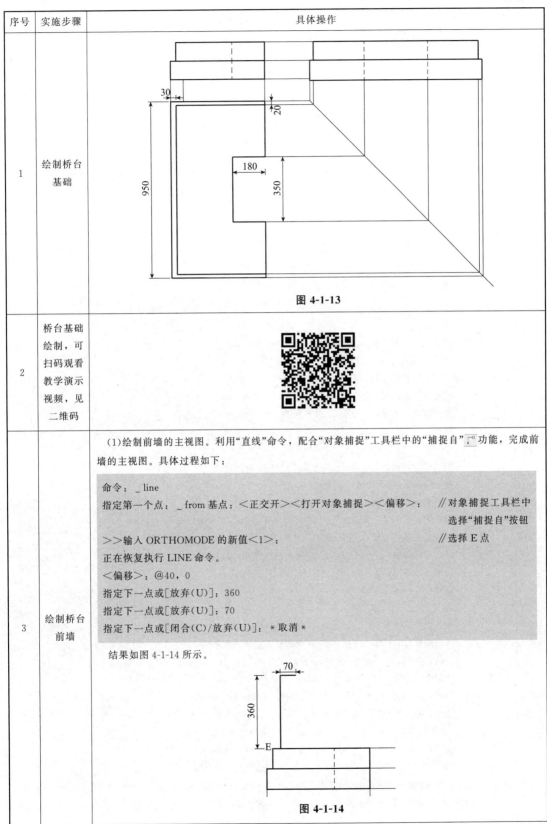

图 4-1-13

| 2 | 桥台基础绘制，可扫码观看教学演示视频，见二维码 | |

| 3 | 绘制桥台前墙 | (1)绘制前墙的主视图。利用"直线"命令，配合"对象捕捉"工具栏中的"捕捉自" 功能，完成前墙的主视图。具体过程如下：

命令：_line
指定第一个点：_from 基点：＜正交开＞＜打开对象捕捉＞＜偏移＞：　　//对象捕捉工具栏中选择"捕捉自"按钮

＞＞输入 ORTHOMODE 的新值＜1＞：　　//选择 E 点
正在恢复执行 LINE 命令。
＜偏移＞：@40，0
指定下一点或[放弃(U)]：360
指定下一点或[放弃(U)]：70
指定下一点或[闭合(C)/放弃(U)]：＊取消＊

结果如图 4-1-14 所示。

图 4-1-14 |

序号	实施步骤	具体操作
3	绘制桥台前墙	(2)绘制前墙的侧立面视图。侧立面视图的绘制方法与主视图一样，结果如图 4-1-15 所示。 **图 4-1-15** (3)绘制前墙的俯视图。根据三等关系，可先通过主视图和侧立面视图了解前墙俯视图的具体尺寸，然后通过偏移和拉长命令，完成前墙的俯视图。具体过程如下： 首先，使用"偏移"和"修剪"命令绘制出大轮廓。 命令：O //绘制直线 MS OFFSET 当前设置：删除源＝否 图层＝源 OFFSETGAPTYPE＝0 指定偏移距离或[通过(T)/删除(E)/图层(L)]<2.0000>：40 选择要偏移的对象，或[退出(E)/放弃(U)]<退出>： 指定要偏移的那一侧上的点，或[退出(E)/多个(M)/放弃(U)]<退出>： 选择要偏移的对象，或[退出(E)/放弃(U)]<退出>： 命令：O //绘制直线 MN 和 ST OFFSET 当前设置：删除源＝否 图层＝源 OFFSETGAPTYPE＝0 指定偏移距离或[通过(T)/删除(E)/图层(L)]<4.0000>：20 选择要偏移的对象，或[退出(E)/放弃(U)]<退出>： 指定要偏移的那一侧上的点，或[退出(E)/多个(M)/放弃(U)]<退出>： 选择要偏移的对象，或[退出(E)/放弃(U)]<退出>： 指定要偏移的那一侧上的点，或[退出(E)/多个(M)/放弃(U)]<退出>： 选择要偏移的对象，或[退出(E)/放弃(U)]<退出>： 命令：_ trim //将上面绘制的三条直线修剪掉多余部分 当前设置：投影＝UCS，边＝无，模式＝快速 选择要修剪的对象，或按住 Shift 键选择要延伸的对象或 [剪切边(T)/窗交(C)/模式(O)/投影(P)/删除(R)]： 选择要修剪的对象，或按住 Shift 键选择要延伸的对象或 [剪切边(T)/窗交(C)/模式(O)/投影(P)/删除(R)/放弃(U)]： 选择要修剪的对象，或按住 Shift 键选择要延伸的对象或 [剪切边(T)/窗交(C)/模式(O)/投影(P)/删除(R)/放弃(U)]： 选择要修剪的对象，或按住 Shift 键选择要延伸的对象或 [剪切边(T)/窗交(C)/模式(O)/投影(P)/删除(R)/放弃(U)]： 选择要修剪的对象，或按住 Shift 键选择要延伸的对象或 [剪切边(T)/窗交(C)/模式(O)/投影(P)/删除(R)/放弃(U)]：

序号	实施步骤	具体操作

3	绘制桥台前墙	结果如图 4-1-16 所示。
		
		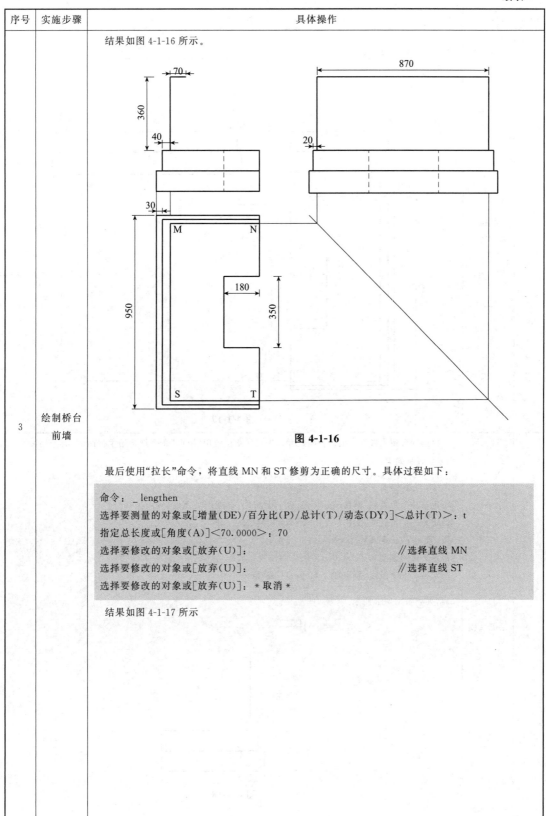
		
		图 4-1-16
		
		最后使用"拉长"命令,将直线 MN 和 ST 修剪为正确的尺寸。具体过程如下:
		
		命令:_lengthen
		选择要测量的对象或[增量(DE)/百分比(P)/总计(T)/动态(DY)]<总计(T)>:t
		指定总长度或[角度(A)]<70.0000>:70
		选择要修改的对象或[放弃(U)]: //选择直线 MN
		选择要修改的对象或[放弃(U)]: //选择直线 ST
		选择要修改的对象或[放弃(U)]:*取消*
		
		结果如图 4-1-17 所示

序号	实施步骤	具体操作
3	绘制桥台前墙	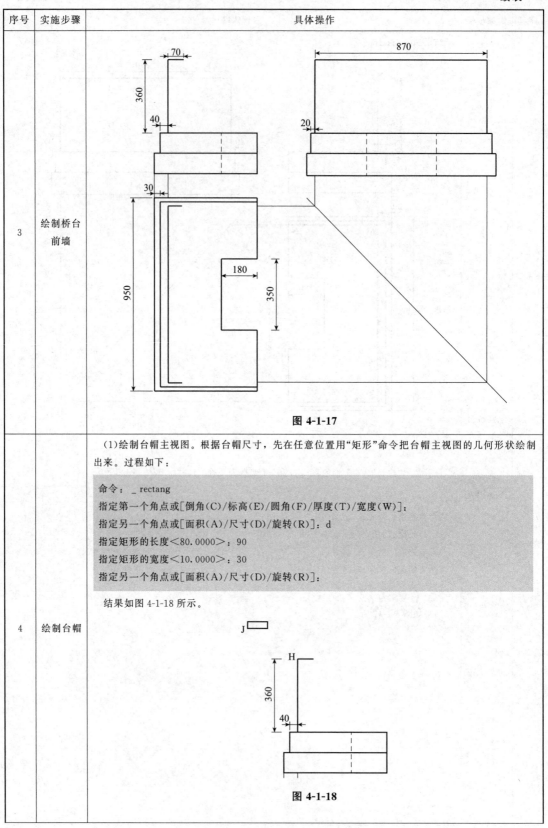 图 4-1-17
4	绘制台帽	(1)绘制台帽主视图。根据台帽尺寸，先在任意位置用"矩形"命令把台帽主视图的几何形状绘制出来。过程如下： 命令：_ rectang 指定第一个角点或[倒角(C)/标高(E)/圆角(F)/厚度(T)/宽度(W)]： 指定另一个角点或[面积(A)/尺寸(D)/旋转(R)]：d 指定矩形的长度<80.0000>：90 指定矩形的宽度<10.0000>：30 指定另一个角点或[面积(A)/尺寸(D)/旋转(R)]： 结果如图 4-1-18 所示。 图 4-1-18

序号	实施步骤	具体操作
4	绘制台帽	再用"移动"命令将绘制出来的台帽移动到 H 点处。这一步的关键在于，使用"移动"命令以后，在确定移动基点时，要结合使用捕捉工具栏中的"捕捉自" ![] 功能，将 J 点往右偏移 10 mm 处设置为移动的基点。具体过程如下： 命令：M MOVE 选择对象：找到 1 个 选择对象： //选择刚才绘制的矩形 指定基点或[位移(D)]<位移>：_from 基点：<打开对象捕捉><偏移>： //在对象捕捉工具栏中选择"捕捉自" ＞＞输入 ORTHOMODE 的新值<0>： //选择 J 点 正在恢复执行 MOVE 命令。 <偏移>：@10, 0 //输入偏移的相对坐标 指定第二个点或<使用第一个点作为位移>： //将矩形移动到 H 点处 结果如图 4-1-19 所示。 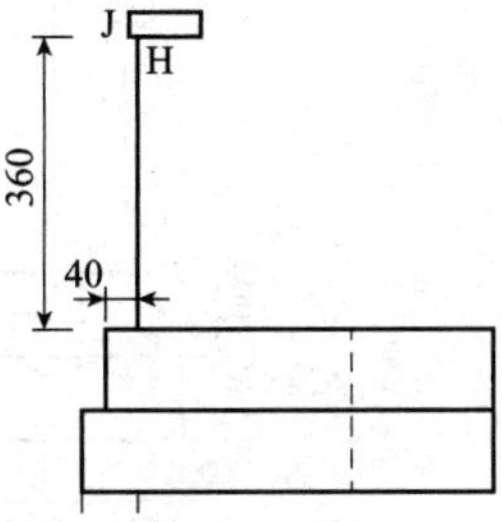 **图 4-1-19** (2)台帽的俯视图和侧立面视图都可以使用上面的方法完成。绘制完所有轮廓线以后，要将看不见的轮廓线改为虚线，结果如图 4-1-20 所示。 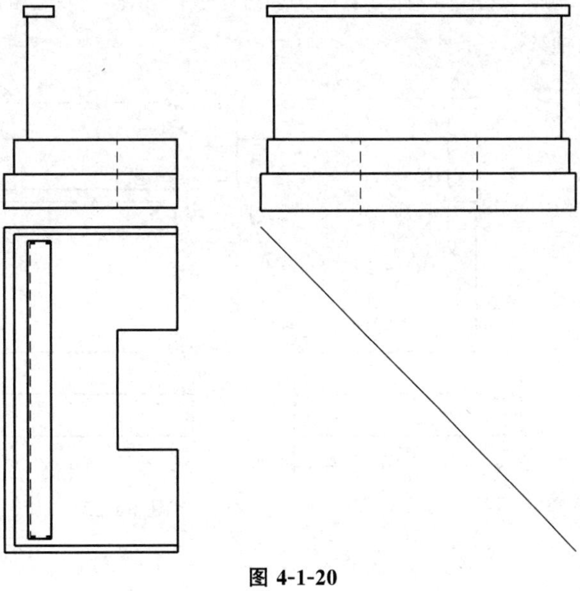 **图 4-1-20**

序号	实施步骤	具体操作
5	前墙和帽石绘制,可扫码观看教学演示视频,见二维码	
6	绘制侧墙	(1)绘制侧墙的主视图。结合侧立面视图的尺寸,可使用"直线"命令,将侧墙的主视图绘制出来。在使用"直线"命令的过程中,要结合使用捕捉工具栏中的"捕捉自" 功能,才能将侧墙的主视图绘制在准确的位置上。具体过程与前面的绘制基础和前墙的主视图的方法一样,同学们自行尝试,绘制结果如图 4-1-21 所示。图 4-1-21 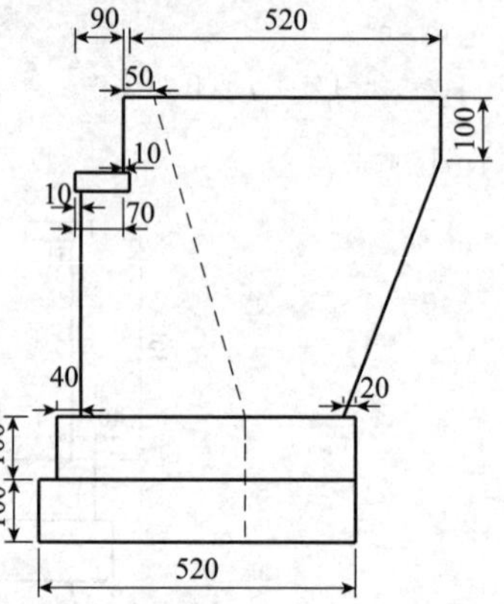 (2)绘制侧墙的侧立面图。侧墙的侧立面图和主视图的绘制方法一样,也是在使用"直线"命令的同时,结合使用捕捉工具栏中的"捕捉自" 功能,将其绘制在正确的位置上。结果如图 4-1-22 所示。图 4-1-22 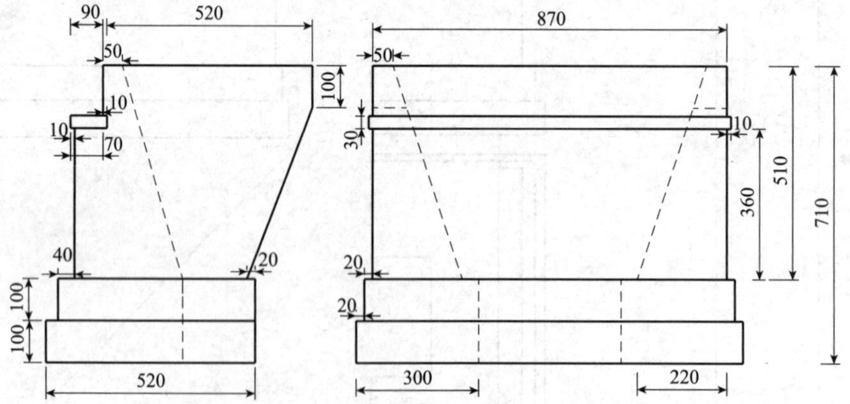

序号	实施步骤	具体操作
6	绘制侧墙	(3)绘制侧墙的俯视图。先用"偏移"命令将图 4-1-23(a)中绿线偏移到红线的位置，偏移距离如图 4-1-23(a)所示。注意偏移完成以后，要将看得见的轮廓线改为实线。并用修改命令进一步修饰图形，如图 4-1-23(b)所示。继续用"偏移"命令将图 4-1-24(a)中蓝线偏移到红线的位置，偏移距离如图 4-1-24(a)所示。然后用"修剪"和"延伸"命令将图形修饰成图 4-1-24(b)所示的样子。 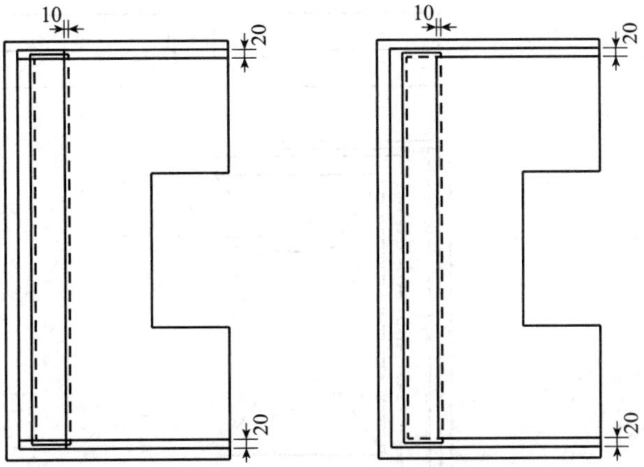 （a） （b） 图 4-1-23 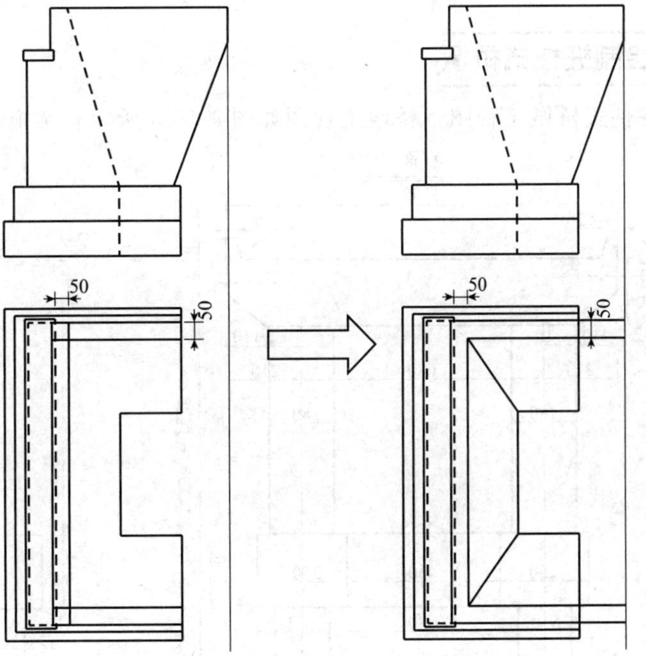 （a） （b） 图 4-1-24 (4)利用视图三等关系，使用"直线"命令将剩余的部分完成。完成轮廓线绘制以后，使用"修剪"命令进行修饰，并将看不见的轮廓线改为虚线，如图 4-1-25 所示

序号	实施步骤	具体操作
6	绘制侧墙	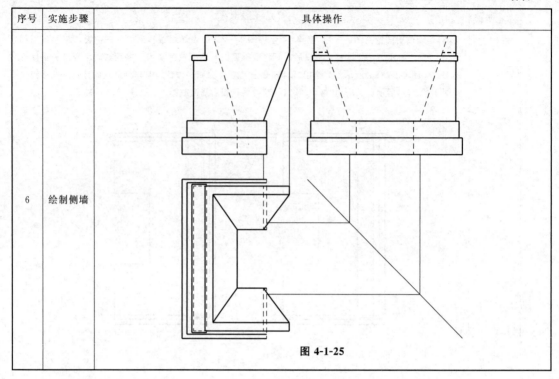 图 4-1-25

二、绘制桩柱式桥墩

绘制桩柱式桥墩工程图，桥墩工程图如图 4-1-26 所示。实施步骤见表 4-1-2。

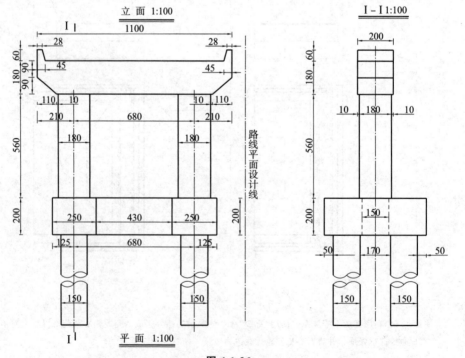

图 4-1-26

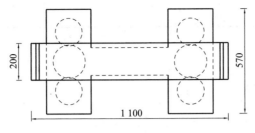

图 4-1-26(续)

表 4-1-2　绘制桩柱式桥墩实施步骤

序号	实施步骤	具体操作 (这里仅以立面图的绘制过程为例)	

1	绘制盖梁	(1)使用"直线"命令绘制上部的轮廓线。绘制过程如下：
		
		命令：_ line
		指定第一个点：
		指定下一点或[放弃(U)]：150　　　　　　　　　　　　　//绘制直线 AB
		指定下一点或[放弃(U)]：28　　　　　　　　　　　　　//绘制直线 BC
		指定下一点或[闭合(C)/放弃(U)]：@17，-60　　　　　//绘制直线 CD
		指定下一点或[闭合(C)/放弃(U)]：1010　　　　　　　//绘制直线 DE
		指定下一点或[闭合(C)/放弃(U)]：@17，60　　　　　//绘制直线 EF
		指定下一点或[闭合(C)/放弃(U)]：28　　　　　　　　　//绘制直线 FG
		指定下一点或[闭合(C)/放弃(U)]：150　　　　　　　　//绘制直线 GH
		指定下一点或[闭合(C)/放弃(U)]：
		
		结果如图 4-1-27 所示。
		
		图 4-1-27
		
		(2)将直线 DE 向下偏移复制，偏移复制距离为180。结果如图 4-1-28 所示。
		
		图 4-1-28
		
		(3)用"倒角"命令，将两端连接在一起。过程如下：
		
		命令：_ chamfer
		("修剪"模式)当前倒角距离 1＝0.0000，距离 2＝0.0000
		选择第一条直线或[放弃(U)/多段线(P)/距离(D)/角度(A)/修剪(T)/方式(E)/多个(M)]：d
		指定第一个倒角距离<0.0000>：110
		指定第二个倒角距离<110.0000>：90
		选择第一条直线或[放弃(U)/多段线(P)/距离(D)/角度(A)/修剪(T)/方式(E)/多个(M)]：
		　　　　　　　　　　　　　　　　　　　　　　　　　　//选择直线 JK
		选择第二条直线，或按住 Shift 键选择直线以应用角点或[距离(D)/角度(A)/方法(M)]：
		　　　　　　　　　　　　　　　　　　　　　　　　　　//选择直线 AB		

序号	实施步骤	具体操作 （这里仅以立面图的绘制过程为例）

1	绘制盖梁	命令：CHAMFERAB
		（"修剪"模式）当前倒角距离 1＝110.0000，距离 2＝90.0000　　　　　　　　　　//按回车键
		选择第一条直线或[放弃(U)/多段线(P)/距离(D)/角度(A)/修剪(T)/方式(E)/多个(M)]：
		　　　　　　　　　　　　　　　　　　　　　　　　　　　　//选择直线 JK
		选择第二条直线，或按住 Shift 键选择直线以应用角点或[距离(D)/角度(A)/方法(M)]：
		　　　　　　　　　　　　　　　　　　　　　　　　　　　　//选择直线 GH
		结果如图 4-1-29 所示
		
		图 4-1-29

2	盖梁绘制 可扫码观 看教学演 示视频， 见二维码	
3	绘制墩柱	(1)使用"直线"命令和"捕捉自"功能，具体过程如下： 命令：_line 指定第一个点：_from 基点：　＜打开对象捕捉＞　＜正交开＞＜偏移＞： ＞＞输入 ORTHOMODE 的新值＜1＞： 正在恢复执行 LINE 命令。 ＜偏移＞：@10，0　　　　　　　　//获取 J 点，然后输入相对坐标 指定下一点或[放弃(U)]：560　　　　//捕捉到 S 点后，输入距离 指定下一点或[放弃(U)]： 结果如图 4-1-30 所示。 图 4-1-30 (2)有了墩柱的一条轮廓线后，剩余的轮廓线和中轴线均可用"偏移"命令得到。结果如图 4-1-31 所示

序号	实施步骤	具体操作 （这里仅以立面图的绘制过程为例）
3	绘制墩柱	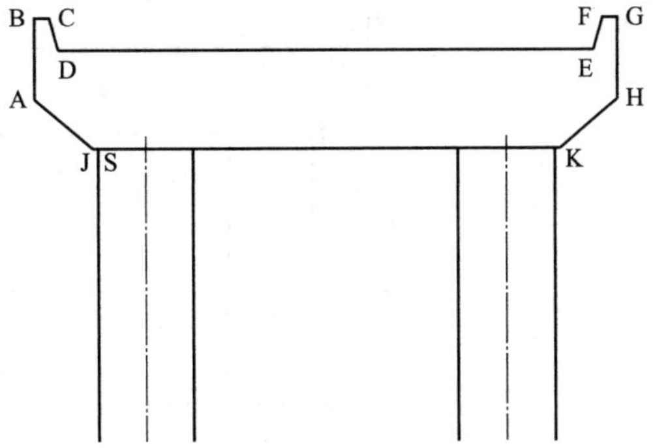 图 4-1-31
4	绘制系 梁部分	(1)用"矩形""分解"和"偏移"命令绘制出系梁的轮廓。结果如图 4-1-32 所示。 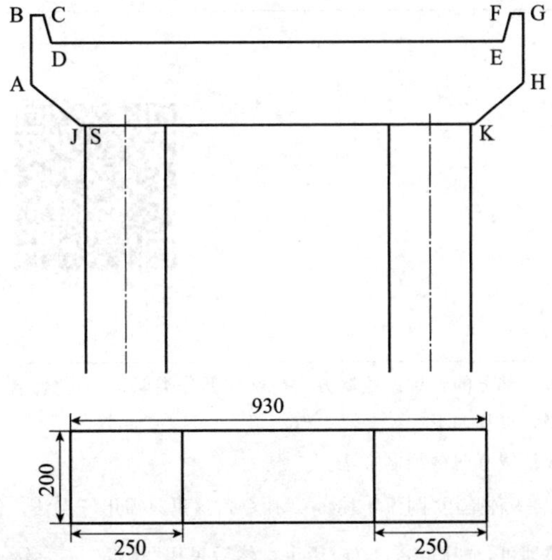 图 4-1-32 （2）用"移动"命令将系梁移动到正确的位置，移动时基点需要用到"捕捉自"功能获取到正合适的位置。具体过程如下： MOVE 选择对象：指定对角点：找到 6 个 选择对象： 指定基点或[位移(D)]<位移>：_ from 基点：<偏移>：　　//获取 M 点 >>输入 ORTHOMODE 的新值<0>： 正在恢复执行 MOVE 命令。 <偏移>：@10，0　　　　　　　　　　　　//输入相对坐标，获取到 N 点 指定第二个点或<使用第一个点作为位移>： 结果如图 4-1-33 所示

序号	实施步骤	具体操作 （这里仅以立面图的绘制过程为例）
4	绘制系梁部分	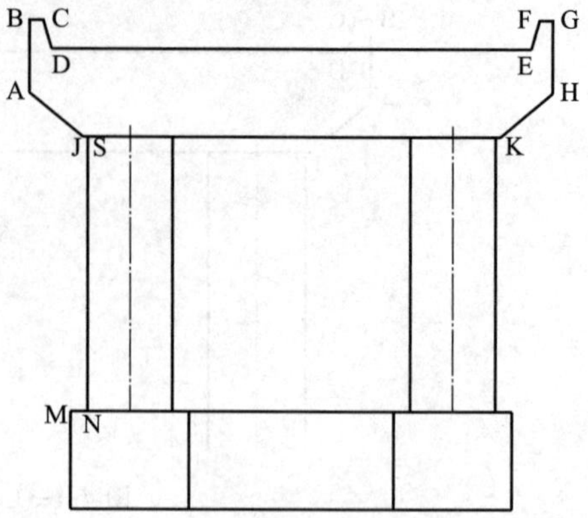 图 4-1-33
5	墩柱、系梁绘制，可扫码观看教学视频，见二维码	
6	绘制桩基部分	桩基部分的轮廓线绘制方法与墩柱部分类似，不再赘述。这里只说明桩基中表示省略的波浪线的绘制，过程如下。 波浪线有两种绘制方法。 （1）一种是用"圆弧" 圆弧(A) 命令，这里只需用三点法，任意画一段首尾能和桩基连接在一起的圆弧即可，如图 4-1-34(a)所示。然后采用"镜像" 镜像(I)命令，将下半部分补齐，如图 4-1-34(b)所示。 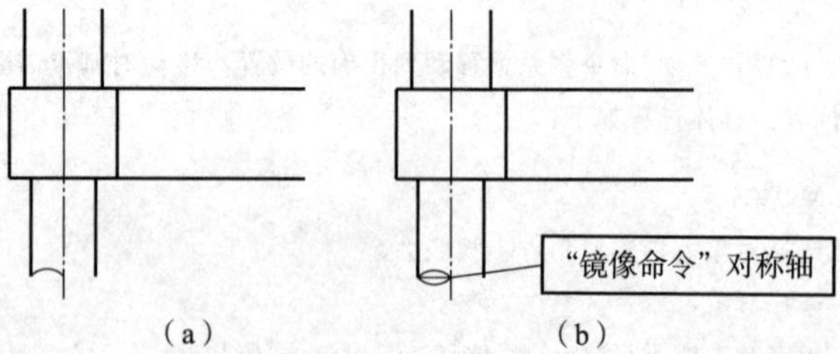 图 4-1-34 （2）波浪线的另一半，我们采用另一种方法来绘制。首先用"多段线" (图 4-1-35)命令中的"直线"命令绘制如图 4-1-36(a)中的两段直线，然后选择这个多段线对象，完成如图 4-1-36 中的操作，即可得到一段光滑的曲线，如图 4-1-36(b)所示

序号	实施步骤	具体操作 （这里仅以立面图的绘制过程为例）
6	绘制桩基部分	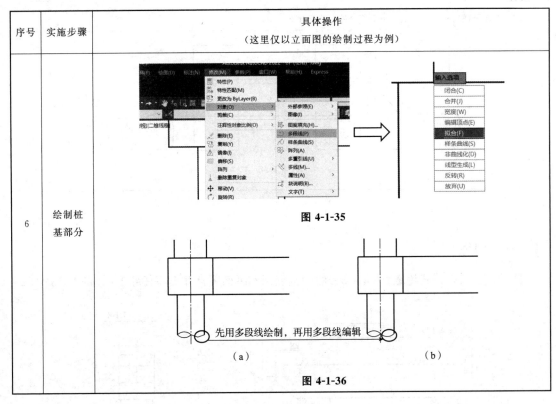 图 4-1-35 （a）　　　　　　　　　　（b） 先用多段线绘制，再用多段线编辑 图 4-1-36

![延伸思考]

在绘制桩柱式桥墩的 I-I 剖面图和平面图之前，需要先弄清楚桥墩每个部分在这两张图中所对应的图形。同学们先完成下面的填空：

先回答在 I-I 剖面图（图 4-1-37）中，每个部分的名称是什么？

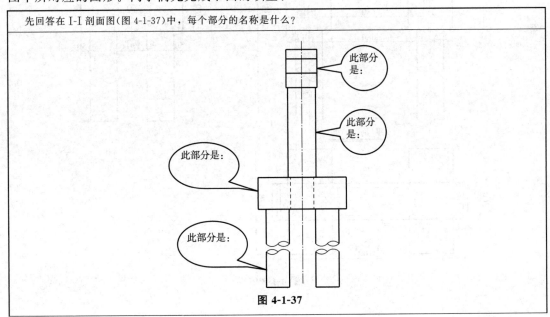

图 4-1-37

先回答在平面图(图 4-1-38)中,每个部分的名称是什么?

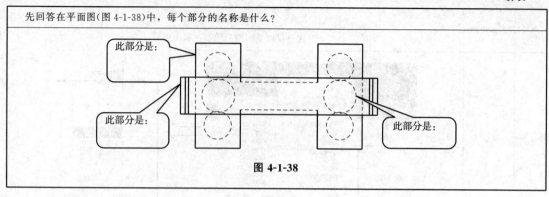

图 4-1-38

任务训练

同学们完成桩柱式桥墩(图 4-1-39)的I-I剖面图和平面图,并填写任务工单(表 4-1-3)。

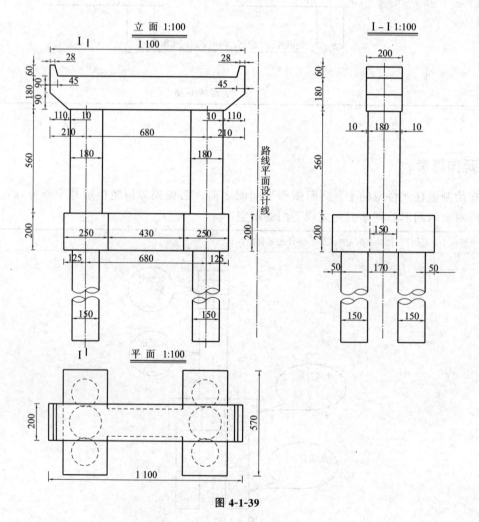

图 4-1-39

表 4-1-3　任务工单——桩柱式桥墩的绘制

本次课堂实践项目	涵洞纵剖图的绘制			
班级：	姓名：		学号：	
绘图前准备				
绘制方案	简单叙述绘图过程，以及所使用到的 AutoCAD 命令和功能：			
成果				
评分（100 分）				
			配分	得分
1	绘图前准备完善，少完成一样扣 5 分		10 分	
2	图纸绘制完整准确，图线按照规范绘制，凡错误一处扣 5 分，扣完为止		配分	
			60 分	
3	图纸标注规范正确，没有按规范要求标注，一处扣 5 分，扣完为止		配分	
			20 分	
4	30 分钟内完成该图纸。每超时 1 分钟扣 3 分		配分	
			10 分	
总分				
总结与反思				
观摩同组一位同学的成果，说说他绘图方案的优缺点，并对他的任务成果提出意见：				
总结本次任务：				

任务二 桥梁上部结构及附属结构工程图纸的绘制

任务描述

某设计院根据某高速公路的使用性质、功能，结合沿线工程地质特征及筑路材料状况，按照经济、适用、安全、美观的设计原则设计了一座空心板小桥。现已完成了该桥梁下部构件的构造工程图，需要完成上部构造的工程图及附属结构的工程图。

任务：完成这座桥的空心板构造图及栏杆构造图。

思考	思考 1：为了达到高效绘图的目的，我们需要先做哪些准备工作？
	思考 2：中板半平面图与横断面图之间有什么关系？绘制空心板构造图需要用到哪些命令？
	思考 3：栏杆工程图需要用到哪些命令？

任务分析

1. 空心板构造图的识读——了解中板横断面和中板半平面图结合在一起识读的方法，从而掌握边板横断面和边板半平面图的识读。

2. 空心板工程图的绘制——掌握完整的绘图过程，熟练运用 AutoCAD 各类命令。

3. 栏杆工程图的绘制——熟练运用 AutoCAD 各类命令及其使用的技巧。

相关知识

一、绘图前准备

正式绘图之前，需要创建好图层、文字样式和标注样式，如图 4-2-1 所示。

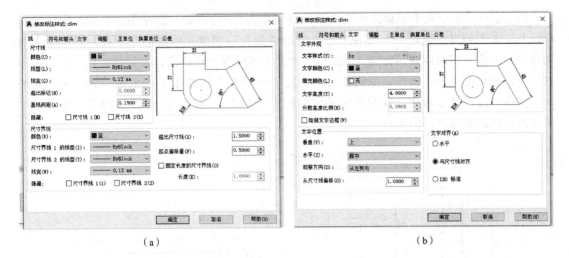

（a）   （b）

图 4-2-1

二、空心板构造图的识读

1. 中板半平面图与横断面图之间的联系

空心板构造图主要是边板、中板横断面和边板半平面的识读。图 4-2-2 所示为空心板构造的示意图。

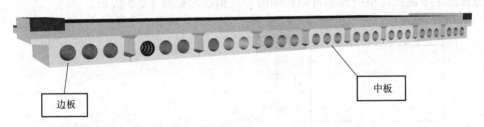

图 4-2-2

中板的半平面即从上往下观察的一个俯视图，因此，在半平面图中，虚线是中板的3个孔，或是外轮廓被遮住的轮廓线。俯视视角下的边板，如图 4-2-3 所示。

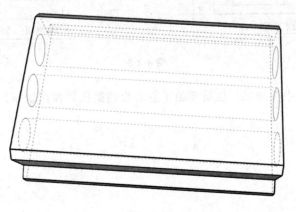

图 4-2-3

图 4-2-4(a)中中板半平面图中有 3 组间距尺寸为 13 的虚线，而在图 4-2-4(b)中中板横断面上 3 个圆的直径也是 13，那说明这 3 组虚线极有可能就是中板的 3 个孔，再从半平面观察，如果孔之间的间隔距离是 5，在横断面上虽然没有直接给出这个尺寸，但是通过简单的计算，也可以验证。这样，我们就可以确定了中板 3 个孔在半平面上的位置，而其余的几条虚线，经过尺寸对比，我们可知是中板的外轮廓线。由此，我们就弄清楚了中板的半平面图与横断面图之间的关系。

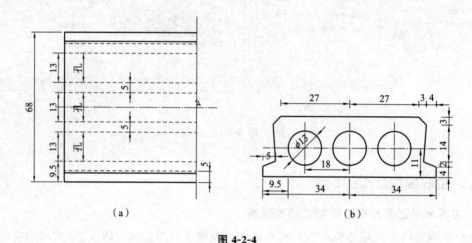

（a）　　　　　　　　　　　　　　　　（b）

图 4-2-4

边板的半平面图与横断面图可用相同的方法识读，如图 4-2-5 所示。

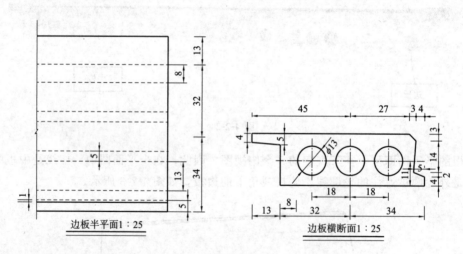

边板半平面1∶25　　　　　　　　　边板横断面1∶25

图 4-2-5

弄清楚了边板和中板图纸，也就知道了空心板构造图该如何绘制。

2. 绘图命令

空心板构图需要用到的命令如图 4-2-6 所示。

图 4-2-6

三、栏杆工程图绘图命令

栏杆工程图需要用到的命令如图 4-2-7 所示。

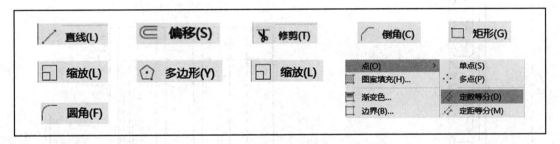

图 4-2-7

⊕ 任务实施

一、绘制预应力空心板工程图

绘制预应力空心板工程图，如图 4-2-8 所示。实施步骤见表 4-2-1。

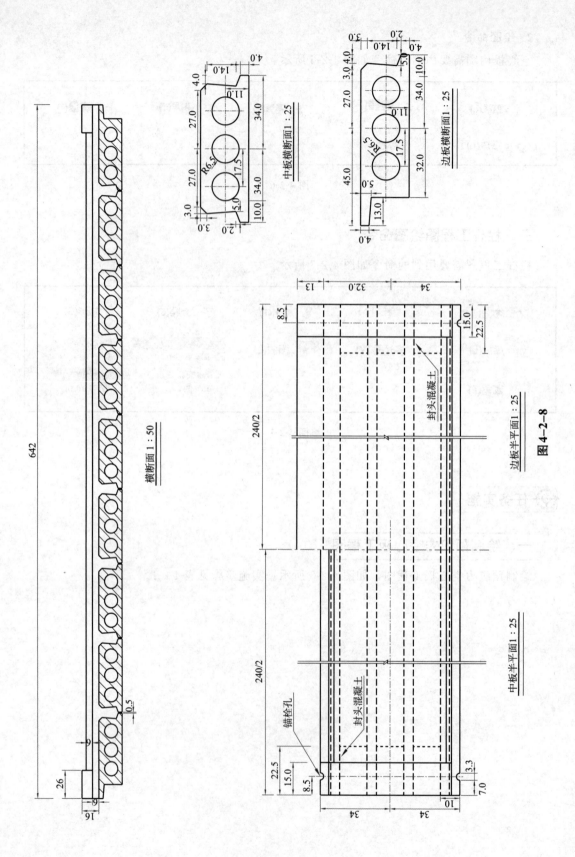

横断面 1：50

中板横断面 1：25

边板横断面 1：25

边板半平面 1：25

中板半平面 1：25

锚栓孔

封头混凝土

封头混凝土

图 4-2-8

表 4-2-1   绘制预应力空心板工程图实施步骤

序号	实施步骤	具体操作
1	绘制 中板横断 面图	（1）利用"直线"命令与"偏移"命令，先确定图形的几个关键位置。注意这里当前图层设置为中轴线层，如图 4-2-9 所示。 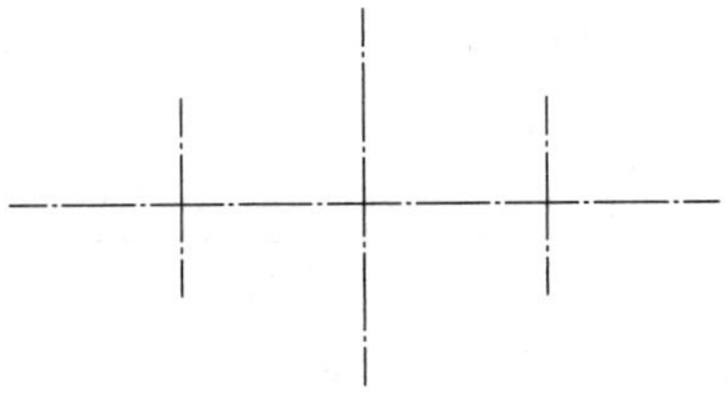 图 4-2-9 （2）将图层设置为轮廓线层。使用"直线"命令和相对直角坐标可以完成半幅中板横断面的外轮廓，如图 4-2-10 所示。 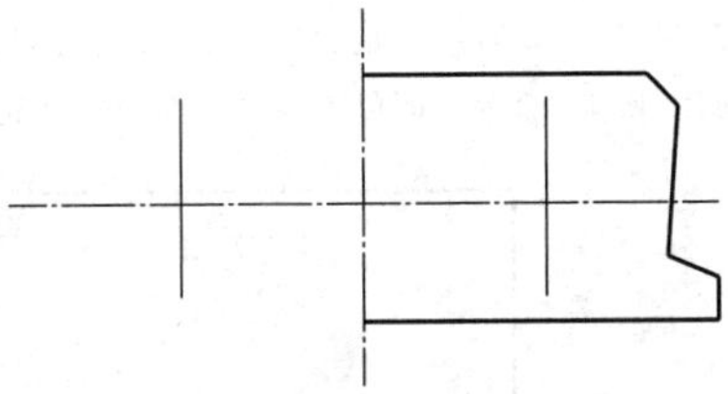 图 4-2-10 （3）使用"镜像"命令即可完成另一半中板横断面的外轮廓，如图 4-2-11 所示。 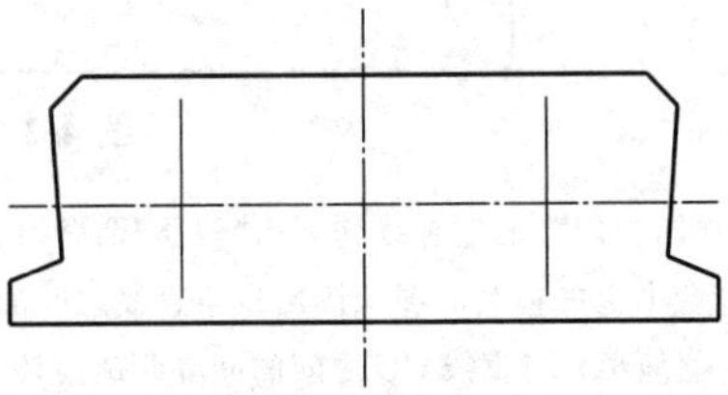 图 4-2-11 （4）使用"圆"命令将中板横断面中的三个圆孔绘制出来，即可完成中板横断面图，如图 4-2-12 所示。 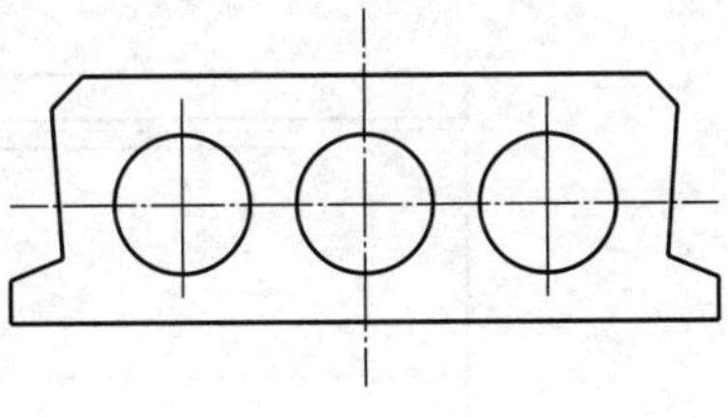 图 4-2-12
2	横断面绘 制，可扫 码观看教 学视频， 见二维码	

序号	实施步骤	具体操作
3	绘制中板半平面	(1)画出中轴位置，注意此时图层为中轴线层，如图4-2-13所示。 图 4-2-13 (2)使用"偏移"命令，将水平中轴线上下各偏移复制一条直线，上、下偏移距离均为34；垂直中轴线向左偏移复制一条直线，偏移距离为8.5。然后将偏移复制得到的三条直线更换为构造线图层。最后使用"修剪"命令，即可得到半平面图的外轮廓线，如图4-2-14所示。 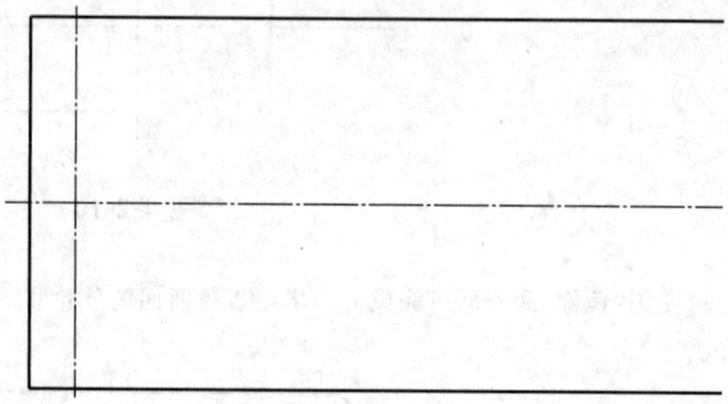 图 4-2-14 (3)半平面图中内部的轮廓线均可用"偏移"命令得到，但是由于原图中没有直接给出具体的尺寸，所以需要结合中板的横断面图识读出每条直线之间的间隔距离。以下半部分为例，根据中板的横断面图可知，直线AB与直线CD之间的间隔距离应该是4，直线CD与虚线EF之间的间隔距离是1，直线AB与直线MN之间的间隔是7，直线GH与直线AB之间的间隔是10，直线GH与直线JK之间的间隔是13，直线JK与直线ST之间的间隔是5。 上半部分以此类推可得出每条直线之间的间隔距离，如图4-2-15所示。 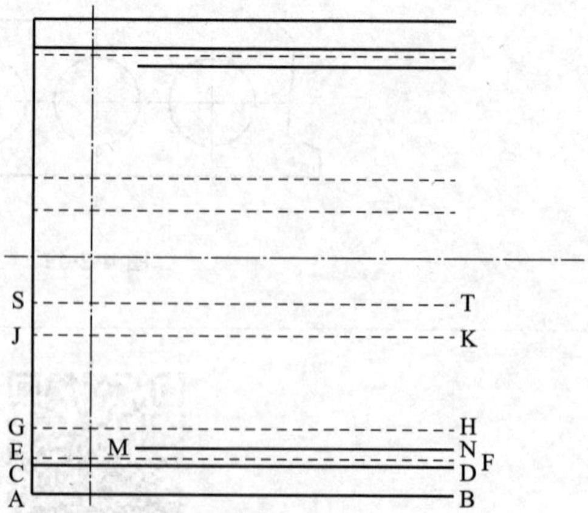 图 4-2-15

序号	实施步骤	具体操作
3	绘制中板半平面	(4)依然使用"偏移"命令将没有完成的轮廓线绘制出来，如图4-2-16所示 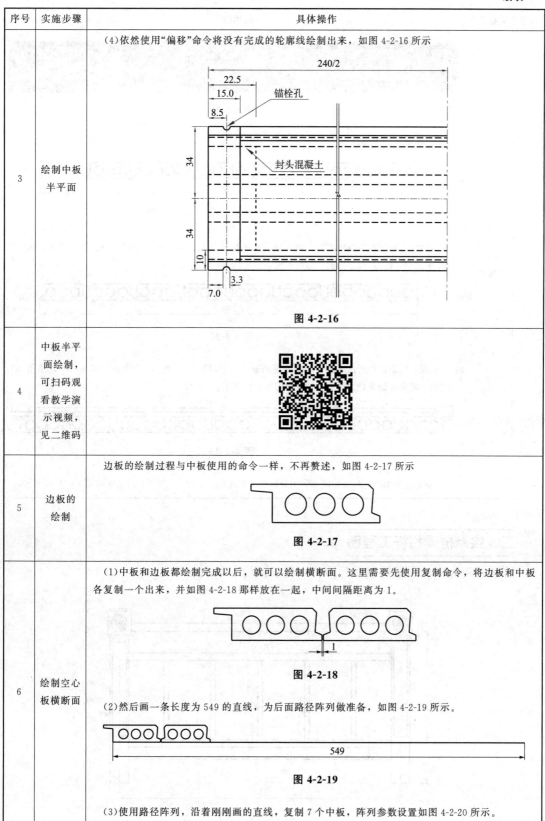 图 4-2-16
4	中板半平面绘制，可扫码观看教学演示视频，见二维码	
5	边板的绘制	边板的绘制过程与中板使用的命令一样，不再赘述，如图4-2-17所示 图 4-2-17
6	绘制空心板横断面	(1)中板和边板都绘制完成以后，就可以绘制横断面。这里需要先使用复制命令，将边板和中板各复制一个出来，并如图4-2-18那样放在一起，中间间隔距离为1。 图 4-2-18 (2)然后画一条长度为549的直线，为后面路径阵列做准备，如图4-2-19所示。 549 图 4-2-19 (3)使用路径阵列，沿着刚刚画的直线，复制7个中板，阵列参数设置如图4-2-20所示。

序号	实施步骤	具体操作
6	绘制空心板横断面	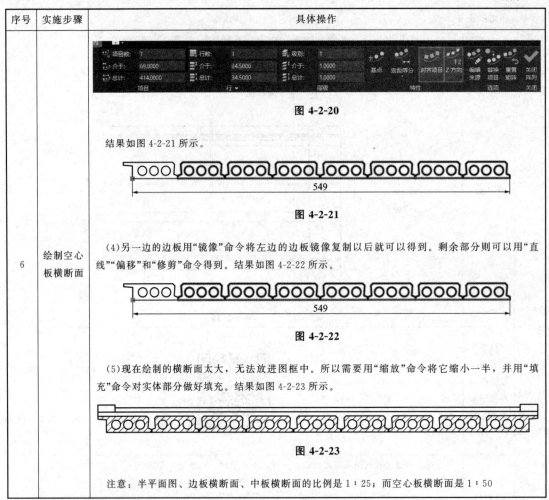

图 4-2-20

结果如图 4-2-21 所示。

图 4-2-21

（4）另一边的边板用"镜像"命令将左边的边板镜像复制以后就可以得到。剩余部分则可以用"直线""偏移"和"修剪"命令得到。结果如图 4-2-22 所示。

图 4-2-22

（5）现在绘制的横断面太大，无法放进图框中。所以需要用"缩放"命令将它缩小一半，并用"填充"命令对实体部分做好填充。结果如图 4-2-23 所示。

图 4-2-23

注意：半平面图、边板横断面、中板横断面的比例是 1：25；而空心板横断面是 1：50

二、绘制桥梁栏杆工程图

绘制图 4-2-24 所示的桥梁栏杆图。实施步骤见表 4-2-2。

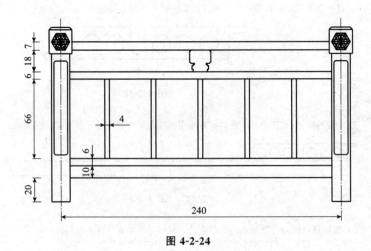

图 4-2-24

表 4-2-2　绘制桥梁栏杆工程图实施步骤

序号	实施步骤	具体操作
1	绘制栏杆立柱	画栏杆立柱外轮廓的方法有很多种，用"直线""偏移"和"倒角"命令就可以完成。前面已经讲过类似例子，不再讲详细过程，结果如图 4-2-25 所示。 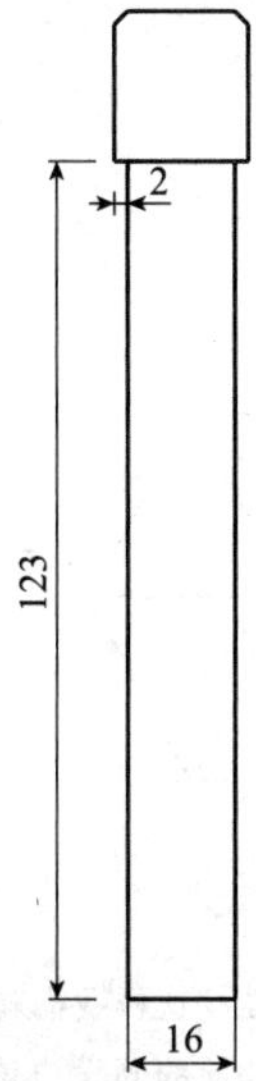 **图 4-2-25** 使用"多边形""圆弧""打断于点"命令，绘制立柱的装饰部分。用"多边形"命令绘制一个正六边形，具体过程如下： 命令：POL POLYGON 输入侧面数<4>：6 指定正多边形的中心点或[边(E)]：　　　　　　　　　//选择圆心 O 点 输入选项[内接于圆(I)/外切于圆(C)]<I>：　　　　　//按回车键 指定圆的半径：10　　　　　　　　　　　　　　　　//任意输入一个半径值 结果如图 4-2-26 所示。 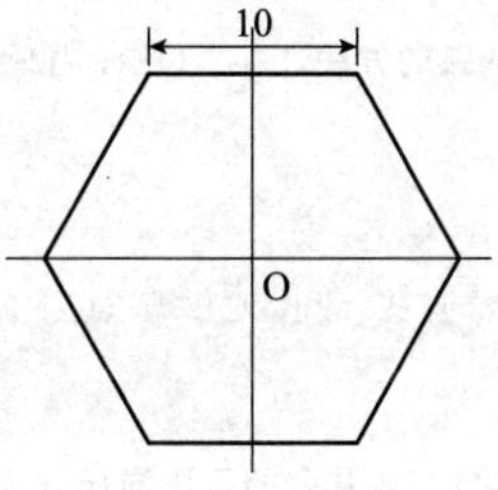 **图 4-2-26** 然后将正六边形的 6 个顶点两两相连，如图 4-2-27 所示。 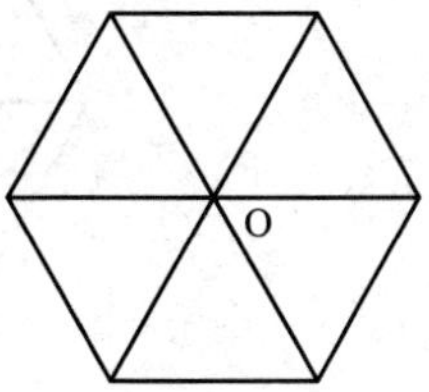 **图 4-2-27**

序号	实施步骤	具体操作

1	绘制栏杆立柱	然后使用"打断于点"命令，将这三条直线从 O 点断开，变为 6 条直线。这里以直线 EF 为例，将 EF 一分为二为两条直线 OE 和 OF。具体过程如下：
		
		命令：_ breakatpoint
		选择对象： //选择直线 EF
		指定打断点： //选择 O 点
		
		结果如图 4-2-28 所示。
		
		将直线EF从O点断开
		
		图 4-2-28
		
		其他两条直线以此类推，这样我们就在六边形里得到了 6 个等边三角形，然后再找到其中一个等边三角形的中心。学过几何的同学应该都知道，等边三角形的中心就是等边三角形三条垂线的交点，如图 4-2-29 所示，S 即等边三角形的中心。
		
		图 4-2-29
		
		然后用三点画圆弧的方法，在△OEH 内画三条弧线。具体过程如下：
		
		命令：ARC
		指定圆弧的起点或[圆心(C)]： //选择 E 点
		指定圆弧的第二个点或[圆心(C)/端点(E)]： //选择 S 点
		指定圆弧的端点： //选择 H 点
		
		这里画的是圆弧 EH，其余的可用同样方法绘制，结果如图 4-2-30 所示。
		
		图 4-2-30

序号	实施步骤	具体操作

1	绘制栏杆立柱	接着用"环形阵列"命令,将已绘制的三条圆弧,复制到其他的等边三角形中,如图 4-2-31 所示。 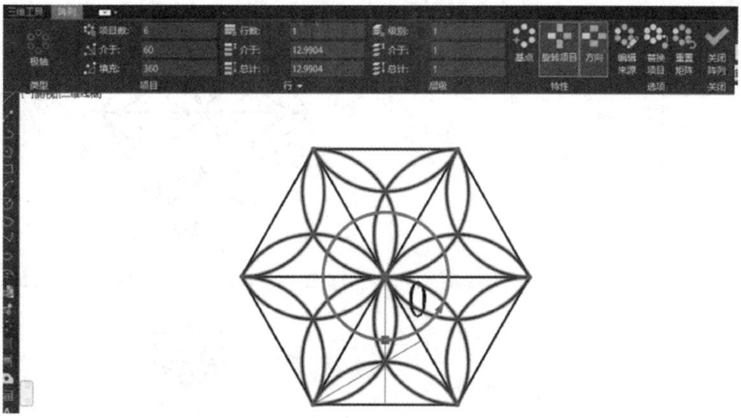
		
		图 4-2-31
		
		命令:_ arraypolar
		选择对象:找到 1 个
		选择对象:找到 1 个,总计 2 个
		选择对象:找到 1 个,总计 3 个 //选择刚绘制的 OE、OH、EH 的三个圆弧
		选择对象:
		类型=极轴 关联=是
		指定阵列的中心点或[基点(B)/旋转轴(A)]: //选择 O 点为中心点
		
		结果如图 4-2-32 所示。 

		图 4-2-32
		
		最后用"缩放"命令,进一步精确图形的尺寸。具体过程如下:
		
		命令:SC
		SCALE
		选择对象:指定对角点:找到 8 个 //选择所有图形
		选择对象:
		指定基点: //选择 G 点
		指定比例因子或[复制(C)/参照(R)]:R //输入"R"
		指定参照长度<6.0000>: 指定第二点: //分别选择 G 点和 F 点
		指定新的长度或[点(P)]<8.0000>:8 //输入"8"

序号	实施步骤	具体操作
1	绘制栏杆立柱	结果如图 4-2-33 所示。 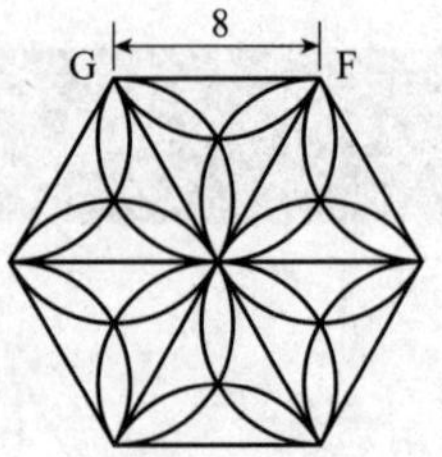 图 4-2-33 顶部装饰的绘制就此完成，最后只要将其移动到栏杆顶部中央位置即可，结果如图 4-2-34 所示。 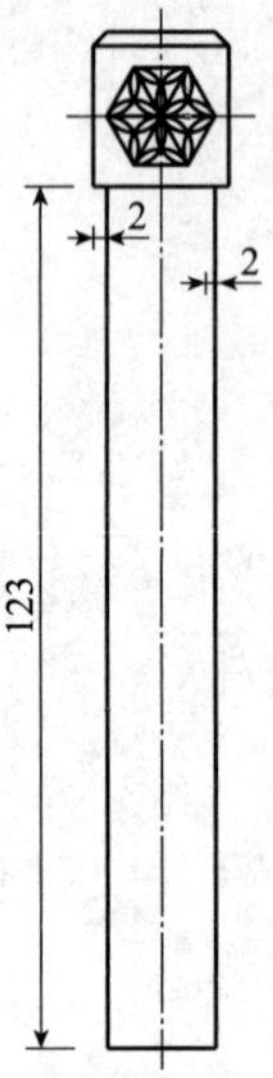 图 4-2-34 下部的装饰需要先用到"偏移"命令，如图 4-2-35 所示。 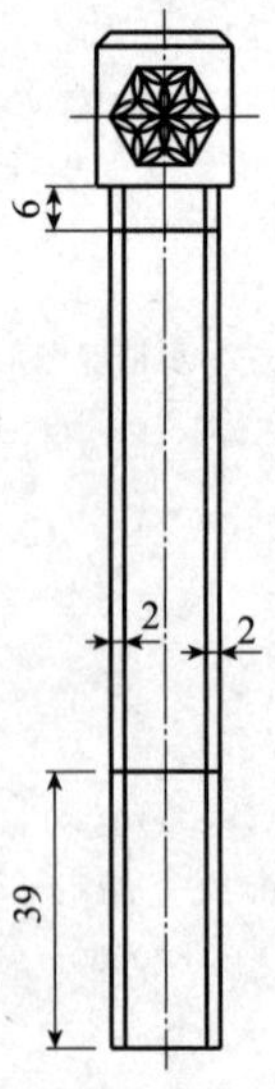 图 4-2-35

序号	实施步骤	具体操作
1	绘制栏杆立柱	最后使用"倒圆角"命令，可将内部装饰完善。其中一个圆角的绘制过程如下： 命令：_fillet 当前设置：模式＝修剪，半径＝1.0000 选择第一个对象或[放弃(U)/多段线(P)/半径(R)/修剪(T)/多个(M)]：r 指定圆角半径＜1.0000＞：2　　　　　　　　//输入圆角半径"2" 选择第一个对象或[放弃(U)/多段线(P)/半径(R)/修剪(T)/多个(M)]：//选择一条边 选择第二个对象，或按住 Shift 键选择对象以应用角点或[半径(R)]：　//选择相交的另一条边 结果如图 4-2-36 所示 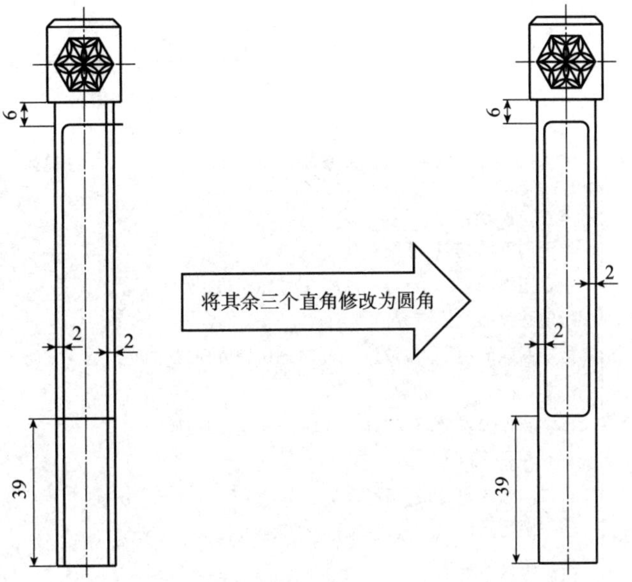 图 4-2-36
2	绘制栏杆中间的装饰	(1)根据装饰大样图，用"直线"命令先绘制图 4-2-37，这里只要尺寸没有错误，能很轻松地完成。 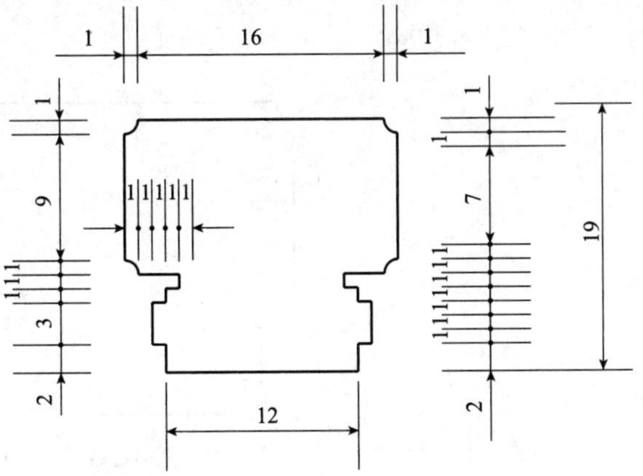 图 4-2-37

序号	实施步骤	具体操作
2	绘制栏杆中间的装饰	(2)把图 4-2-38 中画圈的位置修改为圆弧，这里有两种方法，一种是用"圆弧"命令来绘制；另一种是用"倒圆角"命令来绘制。 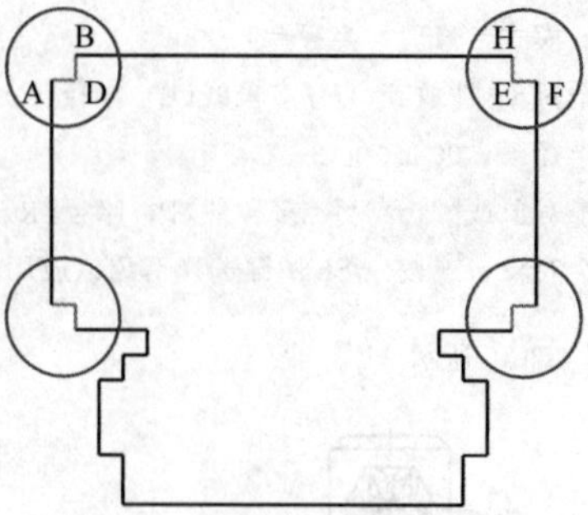 图 4-2-38 先尝试使用"圆弧"命令来修改∠ADB 和∠HEF。具体过程如下： 命令：_arc 指定圆弧的起点或[圆心(C)]：　　　　　　　　　　　//选择 A 点 指定圆弧的第二个点或[圆心(C)/端点(E)]：_e　　　//输入"e" 指定圆弧的端点：　　　　　　　　　　　　　　　　//选择 D 点 指定圆弧的中心点(按住 Ctrl 键以切换方向)或[角度(A)/方向(D)/半径(R)]：_d 　　　　　　　　　　　　　　　　　　　　　　　　//输入"d" 指定圆弧起点的相切方向(按住 Ctrl 键以切换方向)：　//选择 D 点 命令：_arc 指定圆弧的起点或[圆心(C)]：　　　　　　　　　　　//选择 F 点 指定圆弧的第二个点或[圆心(C)/端点(E)]：_e　　　//输入"e" 指定圆弧的端点：　　　　　　　　　　　　　　　　//选择 H 点 指定圆弧的中心点(按住 Ctrl 键以切换方向)或[角度(A)/方向(D)/半径(R)]：_d 　　　　　　　　　　　　　　　　　　　　　　　　//输入"d" 指定圆弧起点的相切方向(按住 Ctrl 键以切换方向)：　//选择 E 点 结果如图 4-2-39 所示。 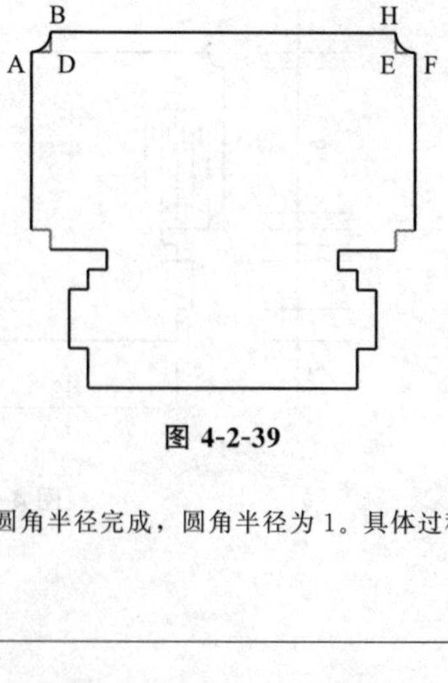 图 4-2-39 剩余的两处，我们尝试用倒圆角半径完成，圆角半径为 1。具体过程如下：

序号	实施步骤	具体操作
2	绘制栏杆中间的装饰	命令：_fillet 当前设置：模式＝修剪，半径＝0.0000 选择第一个对象或[放弃(U)/多段线(P)/半径(R)/修剪(T)/多个(M)]：r　//输入"r"，设置圆角参数 指定圆角半径＜1.0000＞：1　　　　　　　　　　//输入圆角半径1 选择第一个对象或[放弃(U)/多段线(P)/半径(R)/修剪(T)/多个(M)]： 选择第二个对象，或按住 Shift 键选择对象以应用角点或[半径(R)]： 命令：FILLET 当前设置：模式＝修剪，半径＝1.0000　　//第二次调用圆角命令，圆角半径默认上次设定数值 选择第一个对象或[放弃(U)/多段线(P)/半径(R)/修剪(T)/多个(M)]： 选择第二个对象，或按住 Shift 键选择对象以应用角点或[半径(R)]： 结果如图 4-2-40 所示 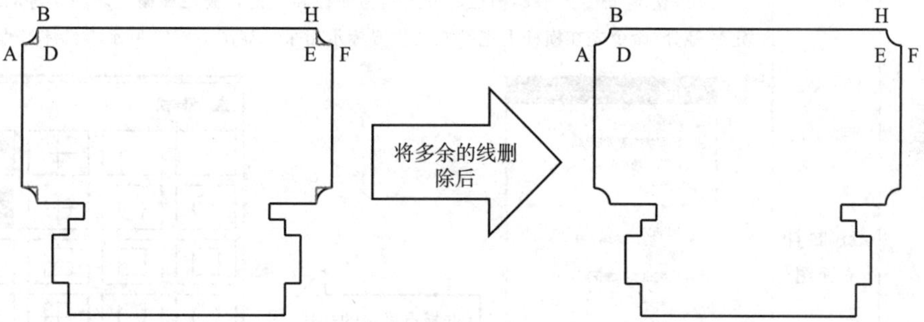 将多余的线删除后 图 4-2-40
3	绘制栏杆立面图	(1)用"直线"命令和"偏移"命令先绘制出横杆的辅助线，如图 4-2-41 所示。 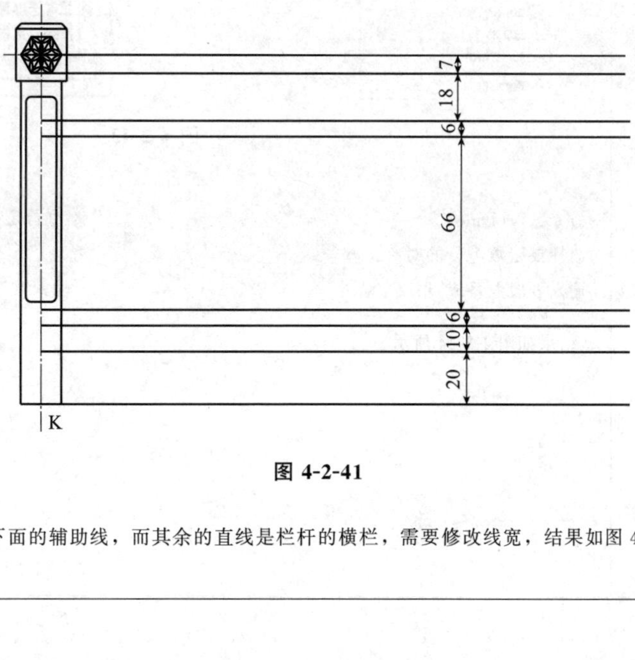 图 4-2-41 (2)删除最下面的辅助线，而其余的直线是栏杆的横栏，需要修改线宽，结果如图 4-2-42 所示。

序号	实施步骤	具体操作
3	绘制栏杆立面图	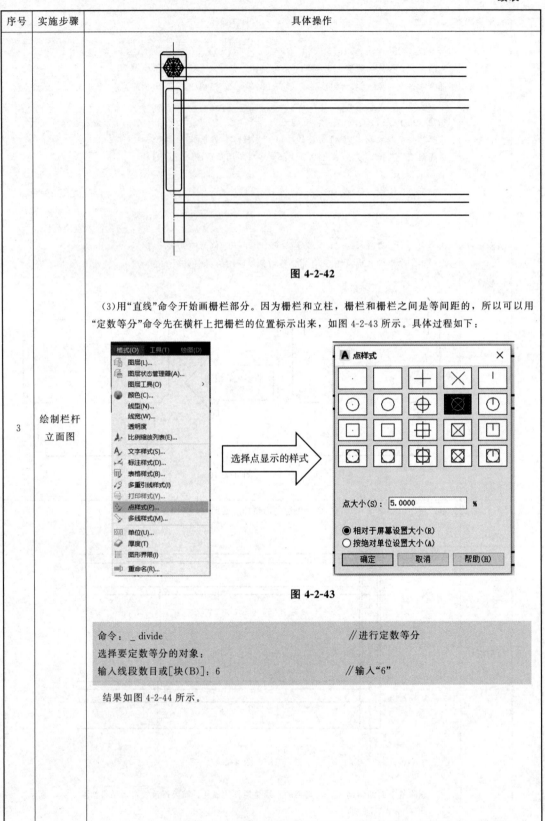 图 4-2-42 （3）用"直线"命令开始画栅栏部分。因为栅栏和立柱，栅栏和栅栏之间是等间距的，所以可以用"定数等分"命令先在横杆上把栅栏的位置标示出来，如图 4-2-43 所示。具体过程如下： 图 4-2-43 命令：＿divide　　　　　　　　　　　　　//进行定数等分 选择要定数等分的对象： 输入线段数目或[块(B)]：6　　　　　　　//输入"6" 结果如图 4-2-44 所示。

序号	实施步骤	具体操作
3	绘制栏杆立面图	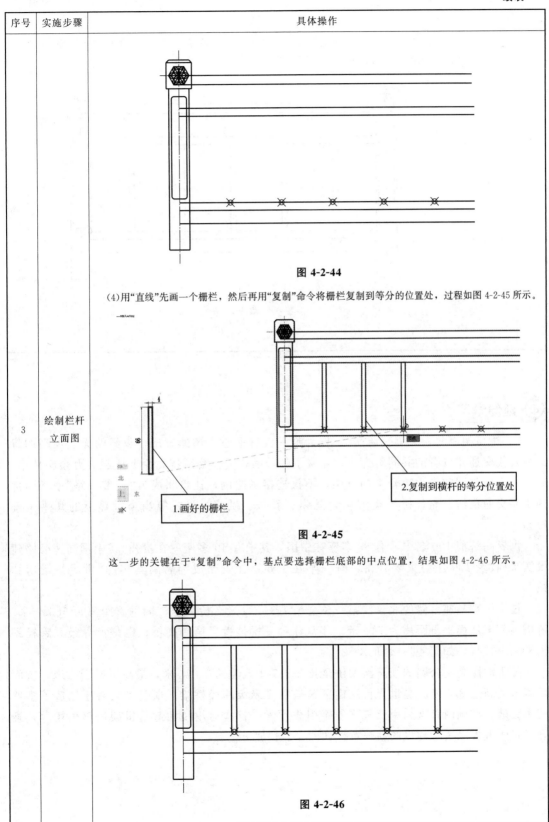

图 4-2-44

(4)用"直线"先画一个栅栏，然后再用"复制"命令将栅栏复制到等分的位置处，过程如图 4-2-45 所示。

1.画好的栅栏

2.复制到横杆的等分位置处

图 4-2-45

这一步的关键在于"复制"命令中，基点要选择栅栏底部的中点位置，结果如图 4-2-46 所示。

图 4-2-46

序号	实施步骤	具体操作
3	绘制栏杆立面图	(5)复制另一边的立柱，将前面画好的装饰移动到栏杆中间，再把多余的地方修剪干净，或者删除，就完成了整个栏杆的绘制，结果如图 4-2-47 所示。 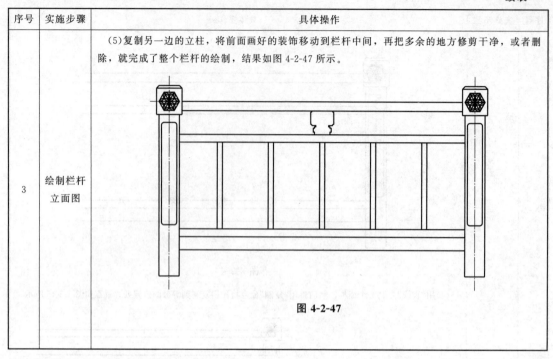 图 4-2-47

🔘 延伸学习

　　"一桥飞架南北，天堑变通途"，作为唯一没有平原支撑的省份，曾经的无三尺平的贵州在几代交通建设者的共同努力下，克服了各种困难，在喀斯特高原上架起 2 万余座桥梁，如今一座座雄踞在崇山峻岭中的桥梁，不仅连接了路网，让贵州成为"一带一路"中国西部的重要交通枢纽，而且桥梁类型包含悬索、斜拉、拱式、梁式等当今世界上的几乎全部桥型。

　　世界高桥前 100 名中，有 80 多座在中国，其中有 40 多座就在贵州。《中国高速公路建设实录》收录 100 座特大峡谷桥，有一半在贵州；让贵州成为名副其实的"世界桥梁博物馆"。

　　位于杭瑞高速公路的北盘江第一桥全长 1 341.4 米，桥面至江面垂直距离为 565.4 米，桥塔顶部至江面垂直距离为 740 米。北盘江第一桥是世界第一高桥，也是世界最大跨径钢桁架梁斜拉桥，如图 4-2-48 所示。

　　位于沪昆高速公路的坝陵河大桥全长 2 237 米，主跨 1 088 米，最高桥墩 202 米，桥面距离水面高达 370 米，是世界首座山区跨峡谷千米级跨径桥梁。坝陵河大桥还创造了多项技术突破，如国内首次采用氢气飞艇牵引先导索、首次运用桥面起重机架设钢桁梁等，翻开了贵州世界级桥梁建设的新篇章，如图 4-2-49 所示。

图 4-2-48

图 4-2-49

任务训练

同学们完成任务训练 T 梁构造图(图 4-2-50)的绘制,并填写任务工单(表 4-2-3)。

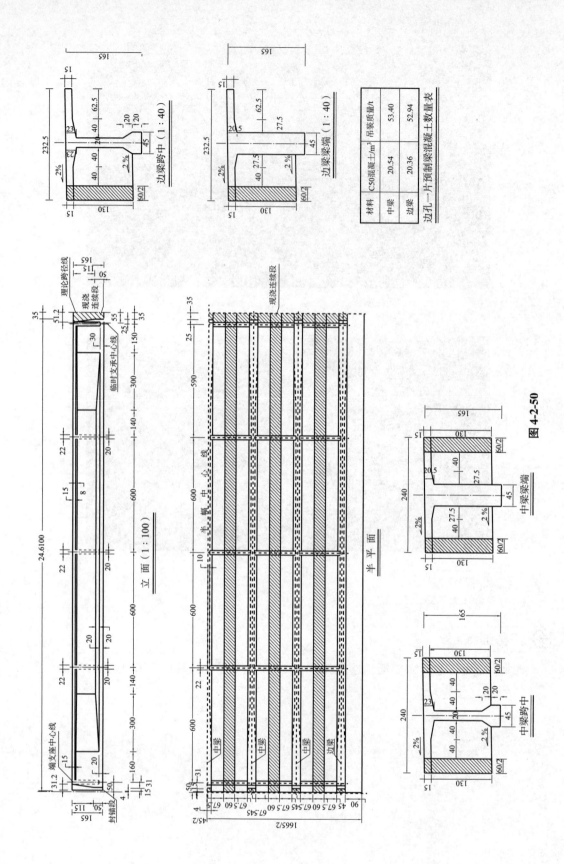

图 4-2-50

边孔一片预制梁混凝土数量表

材料	C50混凝土/m³	吊装质量/t
中梁	20.54	53.40
边梁	20.36	52.94

边梁跨中（1：40）

边梁梁端（1：40）

中梁梁端

中梁跨中

立面（1：100）

半幅中心线

半平面

表 4-2-3 任务工单——桥梁上部结构的绘制

本次课堂实践项目	桥梁上部结构的绘制		
班级：		姓名：	学号：
绘图前准备			
绘制方案	简单叙述绘图过程，以及所使用到的 AutoCAD 命令和功能：		
成果			

评分(100 分)			配分	得分
1	绘图前准备完善，少完成一样扣 5 分		10 分	
2	图纸绘制完整准确，图线按照规范绘制，凡错误一处扣 5 分，扣完为止		60 分	
3	图纸标注规范正确，没有按规范要求标注，一处扣 5 分，扣完为止		20 分	
4	45 分钟内完成该图纸，每超时 1 分钟扣 3 分		10 分	
总分				

总结与反思：

观摩同组一位同学的成果，说说他绘图方案的优缺点，并对他的任务成果提出意见：

总结本次任务：

项目五　道路工程图纸的绘制

项目目标

知识目标：了解 AutoCAD 中相对坐标与绝对坐标的关系，理解 AutoCAD 中布图的比例尺关系及图层功能在工程实际图纸绘制中的重要性。

技能目标：掌握如何根据具体的工程情境，分解绘图步骤，结合 AutoCAD 中的辅助功能，完成道路工程图纸相关的绘制工作。

素质目标：培养整体意识及大局观，进一步加强工程行业精益求精的工匠精神。

项目介绍

道路工程是以道路为对象而进行的规划、设计、施工、管理工作的全过程及其所从事的工程实体。道路工程图纸也是道路施工的基础与重中之重。道路工程相关知识思维导图如图 5-0-1 所示。

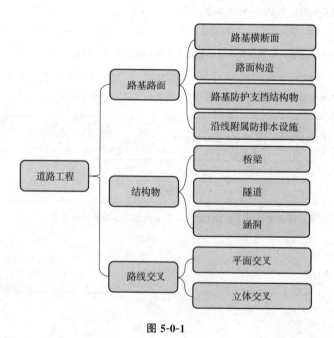

图 5-0-1

道路工程主体图纸包括了平面、纵断面、横断面及路线交叉设计图。另外，沿线的结构物(桥梁、隧道、涵洞等)及排水设施，也是道路工程图纸中不可或缺的部分。因此，本项目旨在以具体的工程案例为背景，通过相应任务设置，进一步将 AutoCAD 中关于绘图的相关知识应用于具体的工程情境中，最终掌握独立完成相关工程图纸的绘制工作的方法。

　　图纸绘制过程中，主要使用到绝对坐标与相对坐标的转换关系、图层编辑功能、Auto-CAD绘图命令、图纸修改命令、尺寸标注，以及文字标注功能等。另外，想要绘制出完整、准确的图纸还需要熟知图纸标注的原则以及图纸的识读原则。

任务一　道路土方横断面图的绘制

◈ 任务描述

　　常规情况下，道路路基横断面包括填方路基（图 5-1-1）、挖方路基（图 5-1-2）和半填半挖路基（图 5-1-3）。

图 5-1-1

图 5-1-2

图 5-1-3

　　现有某二级公路，已经完成初步的平面及纵断面设计，现需根据实测横地面线资料以及具体的工程勘测报告中所反馈的边坡资料，结合相应桩号横断面布置标准，完成K×＋××××～K×＋××××段具体桩号位置横断图的绘制。

　　任务：现在你是该项目的设计人员，你能使用 AutoCAD 将该图绘制出来吗？

思考：

思考1：完整图纸需要将其放到图框中，可以采用什么方法套用图框？绘图之前，需要做什么准备？

思考2：绘制土方横断面图需要结合横地面线资料，通过什么方式反馈到 AutoCAD 中？

思考3：要绘制土方横断面图（图 5-1-4），需要用到哪些命令？

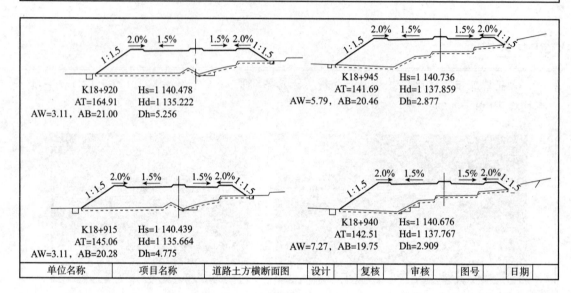

| 单位名称 | 项目名称 | 道路土方横断面图 | 设计 | 复核 | 审核 | 图号 | 日期 |

图 5-1-4

任务分析

一般情况下，道路土方横断面图包括了七个部分：图框；横地面线；路基横断面；边坡坡线；相应桩号位置的填挖情况说明；工程情况说明如图 5-1-4 所示。

在进行具体的土方横断面图绘制时，可按如下步骤进行顺序分解：

（1）打开 CAD，新建文件，在文件中打开图层窗口，新建图框层、横地面线层、路基横断面层、边坡坡线层、说明层后存储文件，命名为"横断面.dwg"。

（2）打开"横断面.dwg"文件后，图层定义到图框层，插入外部参照图框，便于后期布图及修改。

（3）图层定义到横地面线层，按照成图比例（本项目以 1：1 000 比例为例），根据实测的横地面线资料（Excel 文件）所提供数据，在 CAD 中恢复具体桩号位置的横地面线。

（4）根据相应桩号横断面布置情况，按照成图比例，恢复路基横断面，并将该横断面定义到路基横断面层。

（5）根据工程勘测报告中所反馈的边坡资料，按照成图比例，恢复路基边坡坡线，并将该边坡坡线定义到边坡坡线层。

（6）完成土方横断面填挖数据计算并成图。

一、创建图层

在正式绘图之前，可先创建好图层和图框，为后面横断面图纸的绘制做好前期准备，如图 5-1-5 所示。

图 5-1-5

二、绘制图框

绘制图框，并利用"参照"功能放入横断面图形文件中。

(1)将当前图层定义在图框层，在菜单栏选择"插入"中的"外部参照"命令，以"外部参照"形式将事先绘制好的图框插入横断面图中(采用外部参照形式，便于后期修改)，如图 5-1-6 所示。

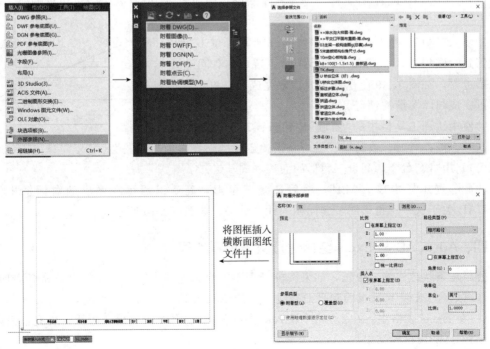

图 5-1-6

结果如图 5-1-7 所示。

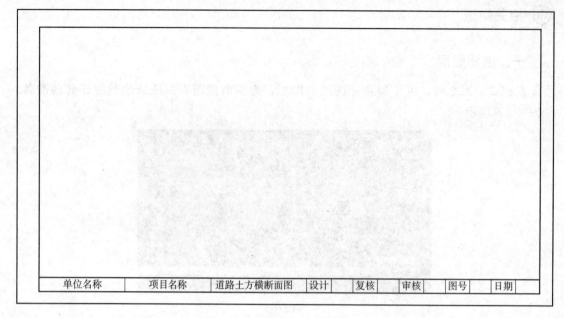

单位名称	项目名称	道路土方横断面图	设计	复核	审核	图号	日期

图 5-1-7

三、创建封闭图形，计算周长、面积

AutoCAD 将没有缺口或者图线超出边界的图形创建为封闭图形，封闭图形可利用"LI"命令计算周长、面积等数值。封闭图形无论有多少图线都是一个图线对象。

(1)通过"面域"或者"BO"命令创建封闭图形。例如，将图 5-1-8 中的三角形创建为封闭图形：

1)输入"BO"，弹出对话框如图 5-1-9 所示，单击"确定"按钮回到绘图屏幕，在三角形内部任意位置单击，可自动拾取图形边界，如图 5-1-9 所示。边界拾取完成后，单击鼠标右键，可完成封闭图形的创建。

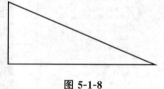

图 5-1-8

2)使用绘图工具栏中的"面域"按钮 ◎ 同样可创建封闭图形。这时，需要"点选"或"框选"就可将需要创建图形设置为封闭图形。

(2)利用"LI"命令，测量三角形的面积和周长。

在命令提示栏中输入"LI"，然后选择三角形，确认以后可在弹出的对话框中看到 AutoCAD 关于这个三角形周长、面积的计算结果，如图 5-1-10 所示。

四、AutoCAD 与 Excel 结合进行数据资料处理

公路是条状结构物，很长，如果按桩号来逐桩绘制道路中线、边线等会非常耗费时间，这时可以结合 Excel 来批量绘制平面路线。绘制步骤如下：

(1)在 Excel 表格中，在 D2 格中输入图中的公式，如图 5-1-11(a)所示，填充以后得到如图 5-1-11(b)所示的结果。

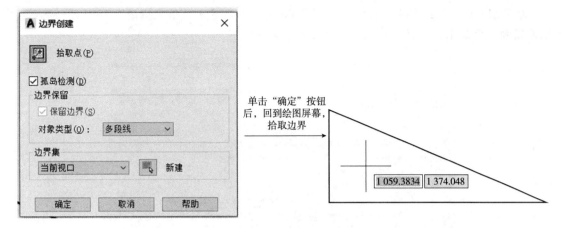

图 5-1-9

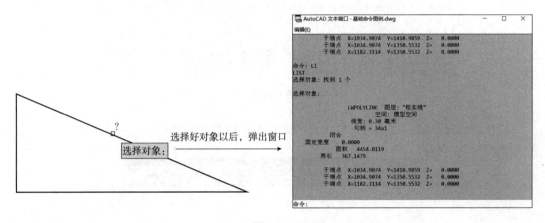

图 5-1-10

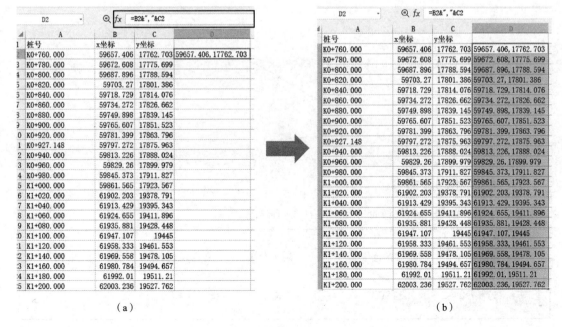

（a）

（b）

图 5-1-11

（2）复制表格中 D 列的所有坐标。打开 AutoCAD，输入样条曲线命令"SPLI"，然后将刚刚复制的坐标粘贴过来（图 5-1-12），按回车键确定。

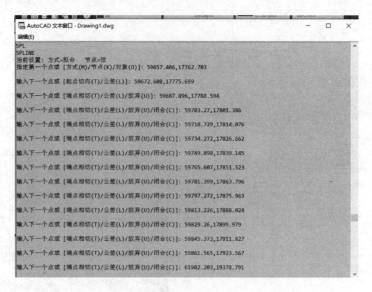

图 5-1-12

（3）移动绘图平面，可以看到曲线已经画好了，如图 5-1-13 所示。

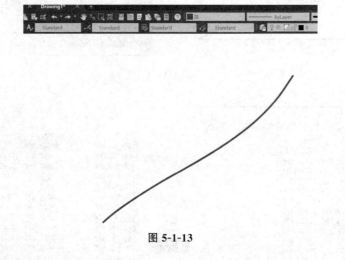

图 5-1-13

五、绘图和修改命令

需要使用到的绘图和修改命令如图 5-1-14 所示。

图 5-1-14

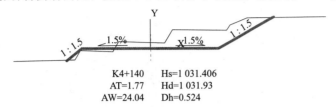

任务实施

结合断面数据绘制横断面图，如图 5-1-15 所示。实施步骤见表 5-1-1。

K4+140　　Hs=1 031.406
AT=1.77　　Hd=1 031.93
AW=24.04　　Dh=0.524

图 5-1-15

表 5-1-1　绘制道路土方横断面图实施步骤

序号	实施步骤	具体操作
1	处理横地面线数据	实测横地面线数据一般按桩号顺序以 Excel 数据表形式反馈，如图 5-1-16 所示。 （如图 5-1-16） 图 5-1-16 需要该将实测数据表进行处理转换成为能导入 AutoCAD 中成图的数据格式，具体处理过程为：利用 Excel 中的函数"&"对测量数据做处理，将所有数据都处理成"=距中桩距离&"，"&高程"的格式，如图 5-1-17 所示。 （如图 5-1-17） 图 5-1-17

图 5-1-16

桩号	与中桩偏距（左负右）	实测高程
K4+140	0	1031.93
	-3.708	1032.06
	-4.379	1030.93
	-8.215	1031.07
	-8.764	1030
	-16.253	1029.86
	-16.89	1028.74
	0	1031.93
	1.706	1031.93
	2.61	1033.41
	8.952	1033.33
	9.341	1033.93
	11.297	1034.74
	23.307	1034.89

图 5-1-17

fx =C16&","&D16

	B	C	D	E
	桩号	与中桩偏距（左负右）	实测高程	
	K4+140	0	1031.93	0,1031.93
		-3.708	1032.06	
		-4.379	1030.93	
		-8.215	1031.07	
		-8.764	1030	
		-16.253	1029.86	
		-16.89	1028.74	
		0	1031.93	
		1.706	1031.93	
		2.61	1033.41	
		8.952	1033.33	
		9.341	1033.93	
		11.297	1034.74	
		23.307	1034.89	

序号	实施步骤	具体操作
1	处理横地面线数据	下拉单元格得到数据如图 5-1-18 所示。 图 5-1-18 处理后的数据可通过复制粘贴形式输入 AutoCAD 中的命令栏
2	AutoCAD 中恢复逐桩横地面线、横断面设计线	（1）Excel 数据处理完成后，返回 AutoCAD 中，在工具栏中单击鼠标右键，选择 UCS，进入 UCS 坐标系，如图 5-1-19 所示。 图 5-1-19 （2）在打开的 UCS 工具栏中，选择原点坐标系命令，重新设定坐标系，如图 5-1-20 所示。 图 5-1-20 （3）继续单击该命令后，将鼠标放置于定义的相对坐标原点，输入"中桩距离＋高程"，K4＋140 桩号为（0，1 031.406），将该坐标点位定义好。注：输入时需打开英文输入法，同时关闭命令栏动态输入（DYN）。单击绘图工具栏中的多段线命令，如图 5-1-21 所示，粘贴 Excel 中的数据，完成地面线线型恢复，如图 5-1-22 所示。

图 5-1-18 表格内容：

桩号	与中桩偏距（左负右）	实测高程	
K4+140	0	1031.93	0,1031.93
	-3.708	1032.06	-3.708,1032.06
	-4.379	1030.93	-4.379,1030.93
	-8.215	1031.07	-8.215,1031.07
	-8.764	1030	-8.764,1030
	-16.253	1029.86	-16.253,1029.86
	-16.89	1028.74	-16.89,1028.74
	0	1031.93	0,1031.93
	1.706	1031.93	1.706,1031.93
	2.61	1033.41	2.61,1033.41
	8.952	1033.33	8.952,1033.33
	9.341	1033.93	9.341,1033.93
	11.297	1034.74	11.297,1034.74
	23.307	1034.89	23.307,1034.89

序号	实施步骤	具体操作

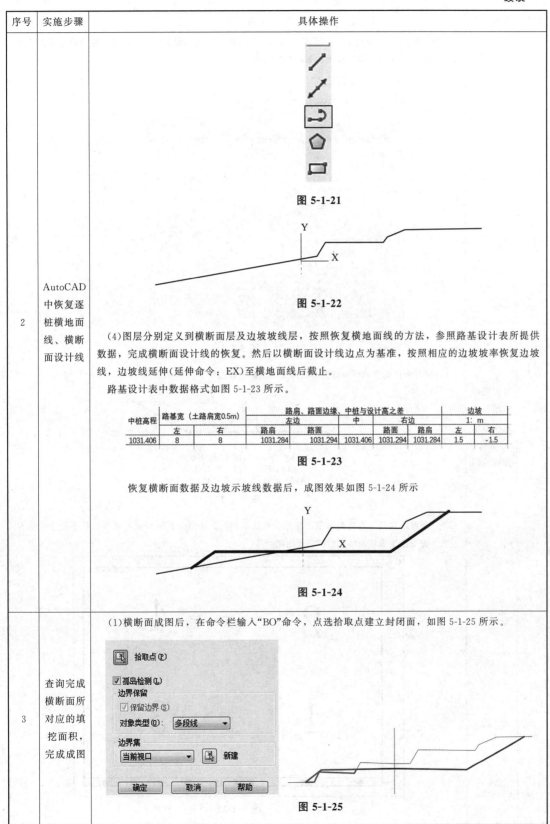

2 | AutoCAD 中恢复逐桩横地面线、横断面设计线

图 5-1-21

图 5-1-22

(4)图层分别定义到横断面层及边坡坡线层，按照恢复横地面线的方法，参照路基设计表所提供数据，完成横断面设计线的恢复。然后以横断面设计线边点为基准，按照相应的边坡坡率恢复边坡线，边坡线延伸(延伸命令：EX)至横地面线后截止。

路基设计表中数据格式如图 5-1-23 所示。

中桩高程	路基宽（土路肩宽0.5m）		路肩、路面边缘、中桩与设计高之差					边坡 1: m	
	左	右	左边		中	右边		左	右
			路肩	路面		路面	路肩		
1031.406	8	8	1031.284	1031.294	1031.406	1031.294	1031.284	1.5	-1.5

图 5-1-23

恢复横断面数据及边坡示坡线数据后，成图效果如图 5-1-24 所示

图 5-1-24

3 | 查询完成横断面所对应的填挖面积，完成成图

(1)横断面成图后，在命令栏输入"BO"命令，点选拾取点建立封闭面，如图 5-1-25 所示。

拾取点(P)

☑ 孤岛检测(L)
边界保留
☑ 保留边界(S)
对象类型(O): 多段线 ▼
边界集
当前视口 ▼ 新建

确定 取消 帮助

图 5-1-25

序号	实施步骤	具体操作
3	查询完成横断面所对应的填挖面积,完成成图	(2)点选建立完成的相应封闭面后,输入"LI"命令,查询得到断面填方面积,结合路基设计表中的数据,完善土方横断面成图,如图 5-1-26 所示。 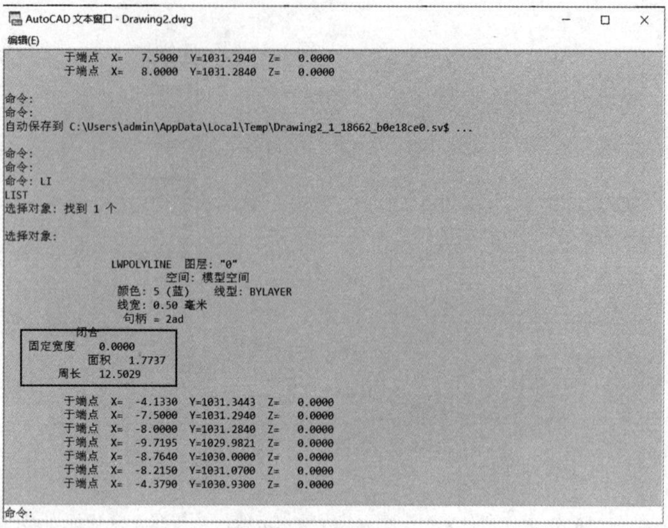 图 5-1-26 (3)结合所查询到的断面数据,最终成图横断面如图 5-1-27 所示。 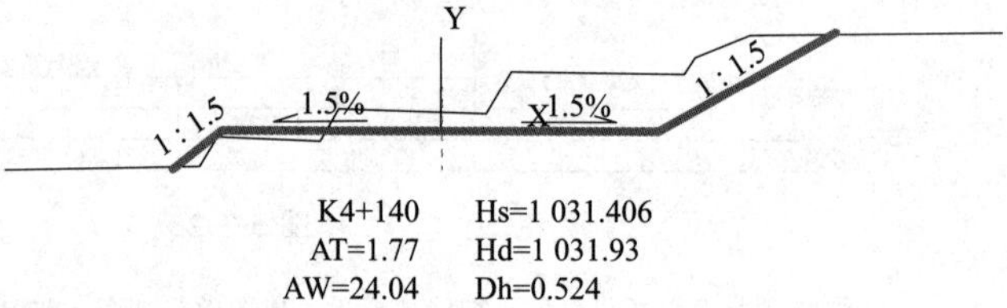 图 5-1-27 注:最终生成的土方横断面图,按照桩号从小到大,如图 5-1-28 所示的顺序,从下至上,从左至右,完成已生成横断面图的排序及出图 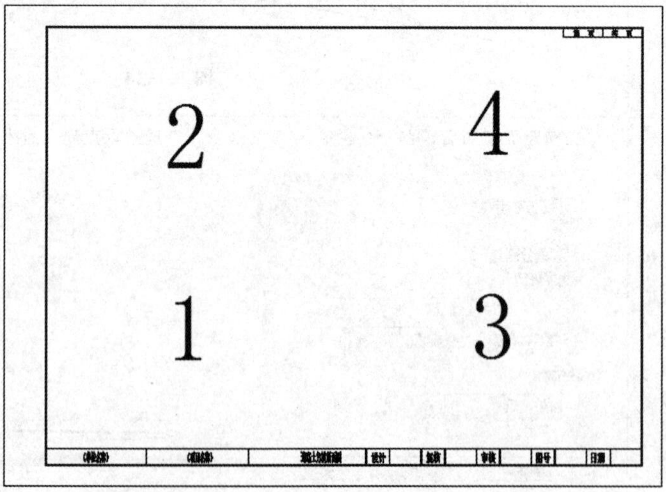 图 5-1-28

序号	实施步骤	具体操作
4	以上操作视频，可扫码观看教学视频，见二维码	

延伸思考

道路横断面图中的横断面设计线的恢复，除用相对坐标转换方法进行恢复外，可否直接在既有横地面线的基础上利用 AutoCAD 中的绘图命令直接进行恢复完善，同学们思考该用哪些命令来实现？并对比两种方法的优缺点，完成以下内容：

使用坐标转换方法恢复横断面设计线：	直接使用 CAD 绘图命令恢复横断面设计线：
使用的命令有：_____ _____ 简单描述绘制过程：_____ _____ 总结这种方法的优缺点。优点：_____ _____ 缺点：_____	使用的命令有：_____ _____ 简单描述绘制过程：_____ _____ 总结这种方法的优缺点。优点：_____ _____ 缺点：_____

任务训练

前面我们完成了桩号 K4＋140 位置的横断面图的绘制，现在同学们运用自己思考得到的恢复横断面设计线的方法，再次完成该横断面图的绘制，地面线资料可用上面任务中的数据，如图 5-1-15 所示。任务工单见表 5-1-2。

表 5-1-2　任务工单——土方横断面图的绘制

本次课堂实践项目	土方横断面图的绘制（运用绘图命令恢复横断面设计线）		
	班级：　　　　　　姓名：　　　　　　学号：		
绘图前准备			
绘制方案	简单叙述绘图过程，以及所使用到的 AutoCAD 命令和功能：		
成果			
评分（100 分）			
1	绘图前准备完善，图框、图层少一个扣 5 分	配分	得分
		10 分	
2	图纸绘制完整准确，错误一处扣 5 分，扣完为止	配分	
		60 分	
3	图线按照规范要求绘制，没有按规范要求绘制，一处扣 5 分，扣完为止	配分	
		20 分	
4	30 分钟内完成该图纸，每超时 1 分钟扣 3 分	配分	
		10 分	
总分			
总结与反思			

观摩同组一位同学的成果，说说他绘图方案的优缺点，并对他的任务成果提出意见：

总结本次任务：

任务二 道路附属排水沟大样图绘制

 任务描述

　　某二级公路现已完成 K×+×××～K×+××× 段具体桩号位置横断图的绘制，现结合该路段周边的地形条件，需在该段道路沿线设置填方边沟及挖方截水沟完成地表排水需求。边沟及截水沟的尺寸均设置为 50 cm×50 cm，该排水沟采用 M7.5 浆砌片石，两侧壁厚 30 cm，沟底厚 20 cm，同时沟底设置 10 cm 厚砂砾垫层。

　　任务：现在你是该项目的设计人员，你能使用 AutoCAD 将该排水沟的大样图绘制完成，并计算相应单位工程量吗？

思考	思考1：为了达到精确绘图的目的，我们需要在绘图的过程中用到哪些工具配合绘图命令使用？
思考2：进行该排水沟单位工程量计算的时候，需要用到哪些命令？	

 任务分析

　　一般情况下，道路附属排水沟大样图包括了 4 个部分：图框；排水沟大样设计图；工程标注；工程情况说明，如图 5-2-1 所示。

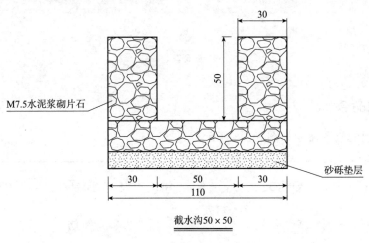

截水沟50×50

图 5-2-1

在进行具体的道路排水沟大样图绘制时，需注意以下几点：

1. 继续建立好"工程图纸外部参照图框，便于后期修改"的理念，在图框导入的时候注意外部参照的使用。

2. 绘制排水沟大样图时，熟悉直线、偏移、修剪、延伸、镜像、填充等命令的综合运用。

3. 工程图纸的标注，需注意标注过程中的命令设置。

⊕ 相关知识

一、绘图前准备

先做好绘图前的准备，创建图层、标注样式，如图 5-2-2 所示。

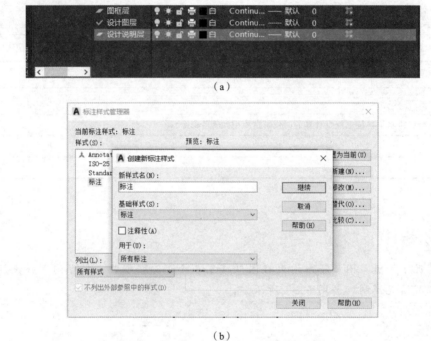

（a）

（b）

图 5-2-2

二、绘图命令

需要使用到的绘图命令如图 5-2-3 所示。

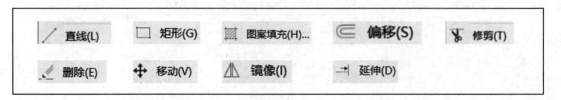

图 5-2-3

任务实施

绘制截水沟实施步骤见表 5-2-1。

表 5-2-1   绘制截水沟实施步骤

序号	实施步骤	具体操作
1	绘制排水沟大样图	图层定义到设计图层，依据具体的排水沟尺寸(尺寸为 50 cm×50 cm，两侧壁厚 30 cm，沟底厚 20 cm，同时沟底设置 10 cm 厚砂砾垫层)，在 AutoCAD 中完成排水沟大样图的绘制。图纸按 1∶1 000 比例成图。 (1)参照排水沟尺寸要求，在最下方菜单栏单击"正交"模式(保证线形的水平或垂直)后，在命令栏输入"L"(直线)→"110"命令，完成水平向基线设定，如图 5-2-4 所示。 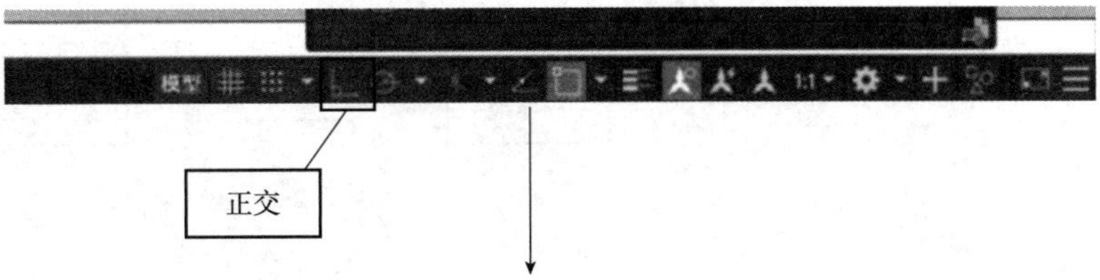 正交 LINE 指定第一点： 指定下一点或〔放弃(U)〕：110 指定下一点或〔放弃(U)〕： 命令：o OFFSET 当前设置：删除源=否　图层=源OFESETGAPTYPE=0 指定偏移距离或〔通过(T)/删除(E)/图层(L)〕<30.000 0>：10 选择要偏移的对象，或〔退出(E)/放弃(U)〕<退出>：*取消* <div align="center">图 5-2-4</div> (2)在命令栏输入"O"(偏移)→"T"(通过)，依次完成砂砾垫层分界线(偏移距离 10)、沟底分界线(偏移距离 20)及排水沟顶线(偏移距离 50)的偏移。 (3)以偏移完成的水平线边点为基准确定竖向基线，重复偏移命令，完成竖向侧壁边线的偏移。 (4)完成边线偏移后效果，如图 5-2-5 所示。 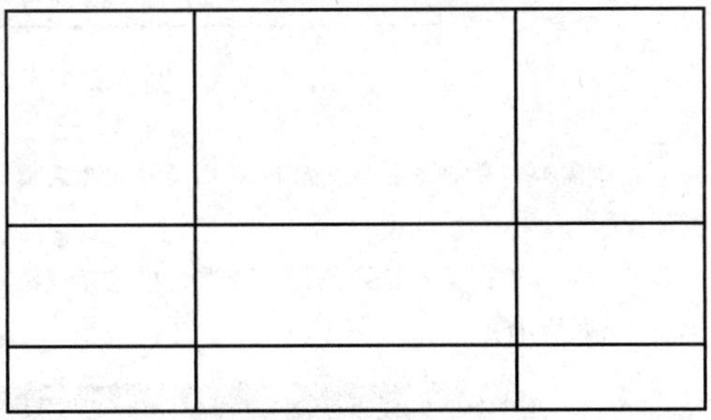 <div align="center">图 5-2-5</div>

序号	实施步骤	具体操作
1	绘制排水沟大样图	(5)在命令栏输入"TR"(修剪)，选中该模型，完成排水沟形状修剪，如图 5-2-6 所示 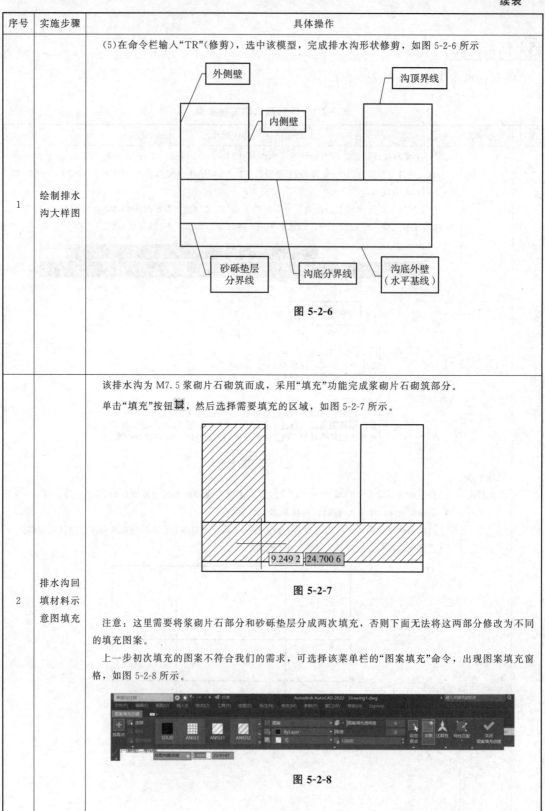 图 5-2-6
2	排水沟回填材料示意图填充	该排水沟为 M7.5 浆砌片石砌筑而成，采用"填充"功能完成浆砌片石砌筑部分。 单击"填充"按钮，然后选择需要填充的区域，如图 5-2-7 所示。 图 5-2-7 注意：这里需要将浆砌片石部分和砂砾垫层分成两次填充，否则下面无法将这两部分修改为不同的填充图案。 上一步初次填充的图案不符合我们的需求，可选择该菜单栏的"图案填充"命令，出现图案填充窗格，如图 5-2-8 所示。 图 5-2-8

序号	实施步骤	具体操作
2	排水沟回填材料示意图填充	（1）单击"图案"栏右侧符号，在弹出的窗格中单击"其他预定义"，选定"浆砌片石"填充图案，如图 5-2-9 所示。 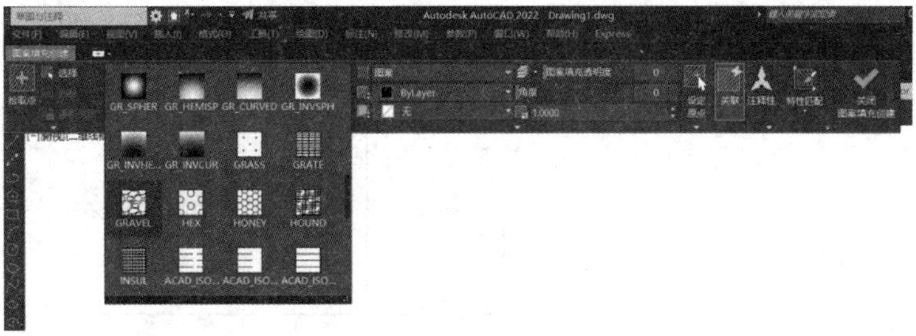 图 5-2-9 （2）选定好填充区间后，可通过"预览"项查看填充效果。若填充效果过密或过稀，可通过"角度和比例"项进行填充物比例调整，至合适为止。 （3）最终成图效果如图 5-2-10 所示 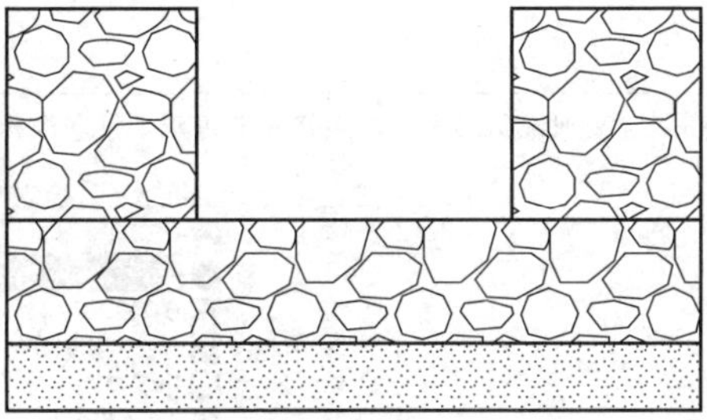 图 5-2-10
3	尺寸标注	图层定义到工程标注层，完成宽度及倒角的标注。 （1）打开"标注样式管理器"对话框，将标注设置依次设置好，如图 5-2-11 所示。 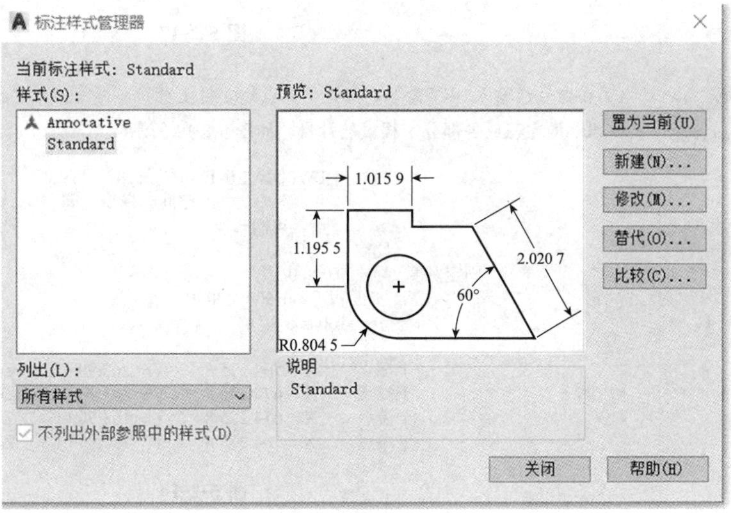 图 5-2-11

序号	实施步骤	具体操作
3	尺寸标注	(2)在菜单栏选择"标注"中的"对齐标注"命令,逐一完成排水沟各个部位宽度标注,成图效果如图 5-2-12 所示 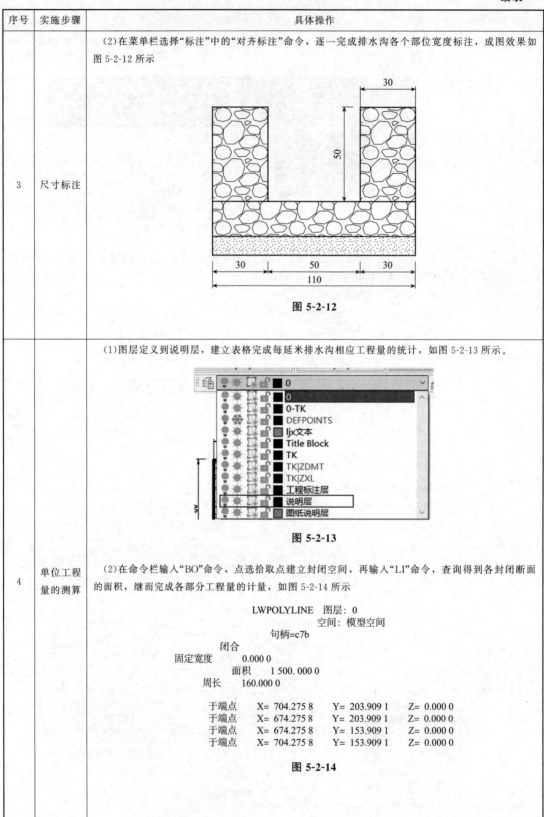 **图 5-2-12**
4	单位工程量的测算	(1)图层定义到说明层,建立表格完成每延米排水沟相应工程量的统计,如图 5-2-13 所示。 **图 5-2-13** (2)在命令栏输入"BO"命令,点选拾取点建立封闭空间,再输入"LI"命令,查询得到各封闭断面的面积,继而完成各部分工程量的计量,如图 5-2-14 所示 LWPOLYLINE 图层: 0 空间: 模型空间 句柄=c7b 闭合 固定宽度 0.000 0 面积 1 500.000 0 周长 160.000 0 于端点 X= 704.275 8 Y= 203.909 1 Z= 0.000 0 于端点 X= 674.275 8 Y= 203.909 1 Z= 0.000 0 于端点 X= 674.275 8 Y= 153.909 1 Z= 0.000 0 于端点 X= 704.275 8 Y= 153.909 1 Z= 0.000 0 **图 5-2-14**

序号	实施步骤	具体操作			
4	单位工程量的测算	排水沟每延米工程数量表			
		工程名称	材料	单位	数量
		墙身	M7.5水泥砂浆砌片石	立方米/每延米	0.330 8
		基础	M7.5水泥砂浆砌片石基础	立方米/每延米	0.232 3
		垫层	砂砾垫层	立方米/每延米	0.058 1
		勾缝	墙内1:3水泥砂浆勾平缝	立方米/每延米	1.50

图 5-2-14(续)

⊕ **延伸思考**

在排水沟大样图绘制的过程中，我们需要计算每延米排水沟的工程量。同学们试着考虑：当不按 1∶1 000 比例成图，而是采用其他比例尺时，通过"BO-LI"命令得到的数据，需进行何种处理才能完成相应工程量的统计？

⊕ **任务训练**

某二级公路现已完成 K×＋×××～K×＋××× 段具体桩号位置横断图的绘制，现结合该路段周边的地形条件，需在该段道路沿线设置填方边沟及挖方截水沟完成地表排水需求。边沟及截水沟的尺寸均设置为 60 cm×40 cm，该排水沟采用 M7.5 浆砌片石，两侧壁厚 30 cm，沟底厚 15 cm，同时沟底设置 8 cm 厚砂砾垫层。

任务：使用 AutoCAD 将该排水沟的大样图绘制完成，并计算相应单位工程量。任务工单见表 5-2-2。

表 5-2-2 任务工单——排水沟大样图绘制(60×40)

本次课堂实践项目	排水沟大样图的绘制		
	班级：	姓名：	学号：
绘图前准备			

绘制方案	简单叙述绘图过程，以及所使用到的 AutoCAD 命令和功能：		
成果			

<table>
<tr><td colspan="4" align="center">评分（100 分）</td></tr>
<tr><td>1</td><td colspan="2">绘图前准备完善，图层、标注样式、图框少一处扣 5 分</td><td>配分</td><td>得分</td></tr>
</table>

		配分	得分
1	绘图前准备完善，图层、标注样式、图框少一处扣 5 分	配分	
		10 分	
2	图纸绘制完整准确，错误一处扣 5 分，扣完为止	配分	
		40 分	
3	图线按照规范要求绘制，没有按规范要求绘制，一处扣 5 分，扣完为止	配分	
		20 分	
4	单位工程量计算正确无误，错误一处扣 5 分	配分	
		20 分	
5	30 分钟内完成该图纸，每超时 1 分钟扣 3 分	配分	
		10 分	
总分			

总结与反思

观摩同组一位同学的成果，说说他绘图方案的优缺点，并对他的任务成果提出意见：

总结本次任务：

任务三　立体交叉的绘制

任务描述

　　两条道路构成立体交叉，交角80°，道路A上跨道路B，道路A(主线，东西走向)接入交叉口部分横断面宽30 m，道路B(南北走向)接入交叉口部分横断面宽18 m。

　　根据该位置地理条件，拟设置单喇叭立交完成两条道路之间的交通转换。结合该工程环境，完成该立体交叉口设置。要求：①几条转向匝道宽度均为9 m；②回转匝道半径取50 m；③右转匝道半径取90 m。

　　任务：如果你是该项目的设计人员，你能完成该立体交叉平面图的绘制吗？

思考	思考1：立体交叉的组成是什么？
思考2：绘制立体交叉需要用到什么命令？	
思考3：绘图完成以后，该如何打印图纸？	

任务分析

　　一般情况下，道路立体交叉口布置图包括了4个部分：图框；道路设计中线及边线；工程尺寸标注；工程情况说明，如图5-3-1所示。

　　在进行具体的道路立体交叉口布置图绘制时，需要注意以下几点：

　　1. 建立好"工程图纸外部参照图框，便于后期修改"的理念，在图框导入的时候注意外部参照的使用。

　　2. 绘制立体交叉口布置图时，熟悉直线、偏移、倒圆角、修剪、延伸等命令的综合运用。

　　3. 工程图纸的标注，需要注意标注过程中的命令设置。

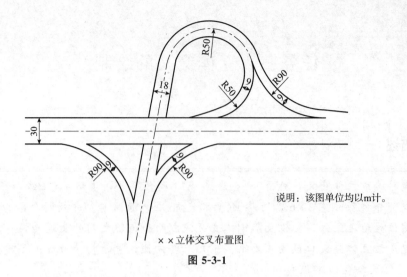

说明：该图单位均以m计。

××立体交叉布置图

图 5-3-1

相关知识

一、立体交叉

立体交叉是道路与道路在不同高程上的交叉，立体交叉的组成，如图 5-3-2 所示。

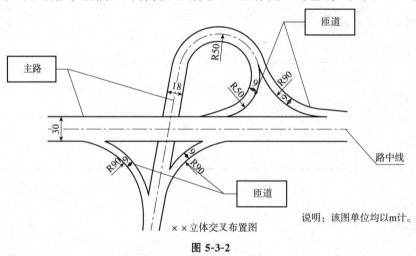

说明：该图单位均以m计。

××立体交叉布置图

图 5-3-2

二、绘图命令

需要使用到的绘图命令如图 5-3-3 所示。

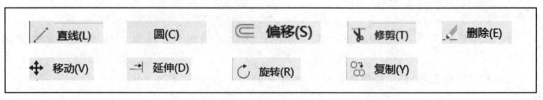

直线(L)　　圆(C)　　偏移(S)　　修剪(T)　　删除(E)

移动(V)　　延伸(D)　　旋转(R)　　复制(Y)

图 5-3-3

三、利用布局打印路线平面图

AutoCAD 的布局空间可以帮助用户打印局部图形。

（1）将事先绘制好的图框复制到布局 1 中，如图 5-3-4 所示。

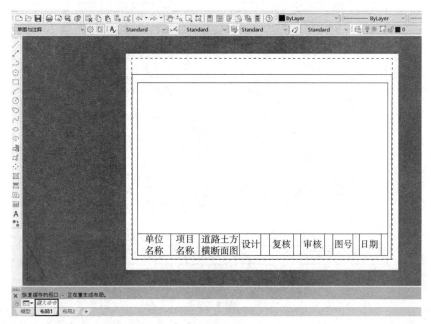

图 5-3-4

（2）将绘制好的路线平面图复制到模型空间，然后再打开布局 1，如图 5-3-5 所示，此时视口中显示的是模型空间中的全部图形。

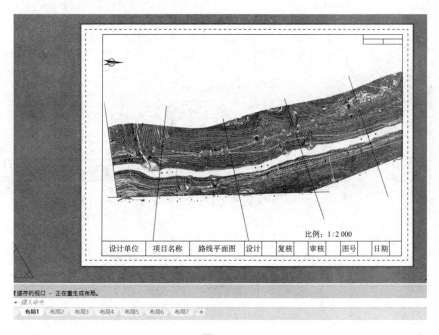

图 5-3-5

（3）双击布局视口，进入到视口内部，将需要打印的部分图形调整到合适的比例，显示到视口中，不需要打印的部分移出到视口外，如图5-3-6所示。

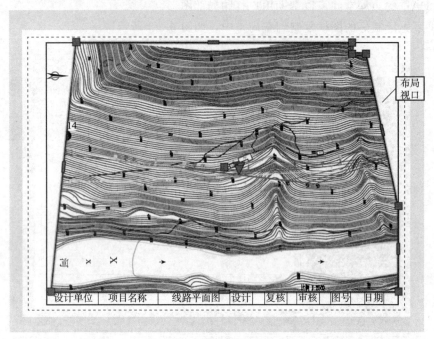

图 5-3-6

（4）调整完成后，将光标移到视口外，双击鼠标左键，可从视口内部跳出到外部。然后，选择打印功能，打开"打印"对话框，先设置颜色的显示，在"打印样式表"下拉菜单中选择"新建"选项，如图5-3-7所示。

图 5-3-7

（5）在弹出的对话框中选择"创建新打印样式表"，然后单击"下一页"按钮，再在"文件名"文本框中输入新的打印样式名称"12"，然后再单击"下一页"，最后单击"完成"按钮，即创建了新的样式列表，如图 5-3-8 所示。

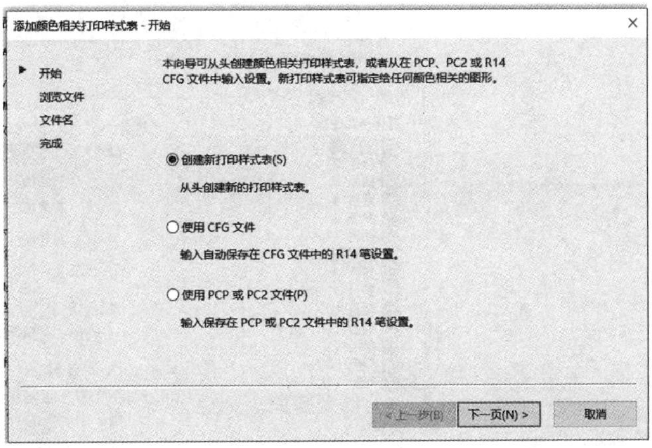

（a）

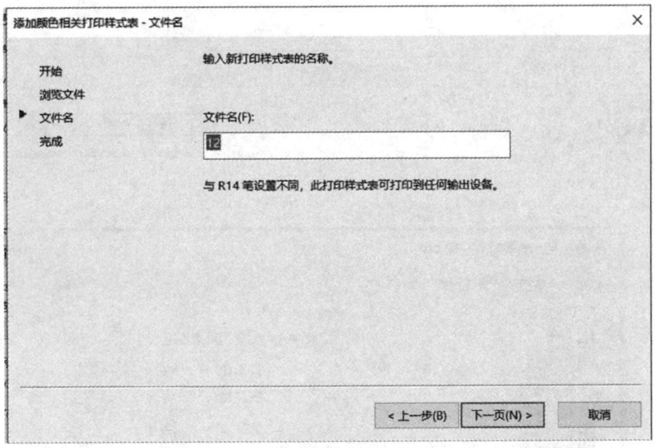

（b）

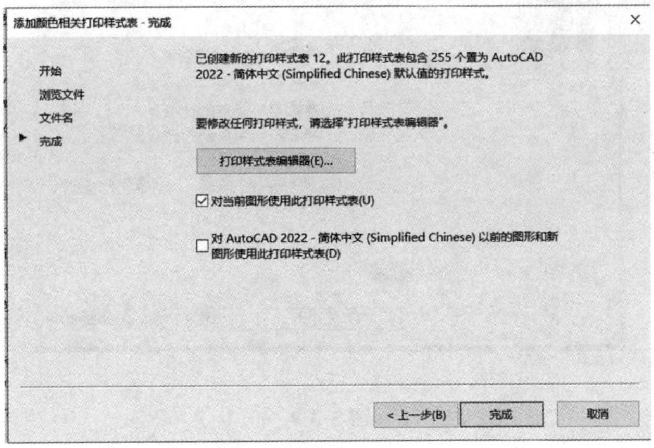

（c）

图 5-3-8

(6)回到"打印"对话框后,单击"打印样式表"中的"编辑"按钮,如图 5-3-9(a)所示;在弹出的对话框中,做如下设置,颜色 1 和颜色 7 的"淡显"设置为"100",如图 5-3-9(b)所示;而其余颜色的"淡显"设置为"30",如图 5-3-9(c)所示;最后单击"保存并关闭"按钮即完成了新打印样式列表的设置。

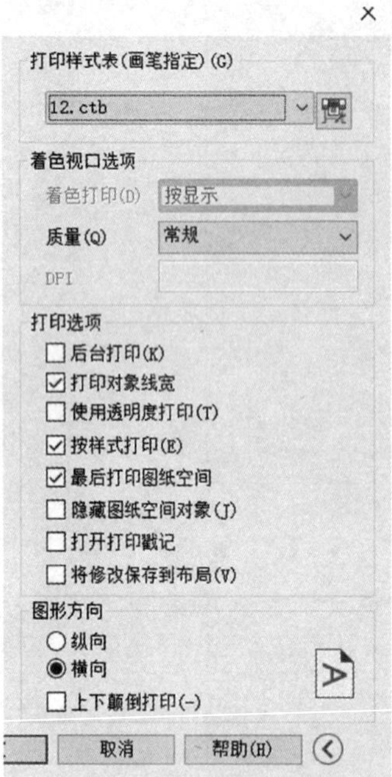

(a)

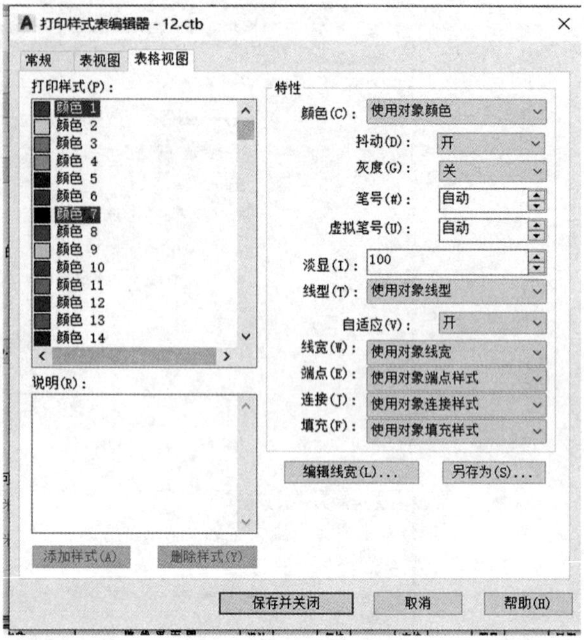

(b)

(c)

图 5-3-9

（7）回到"打印"对话框后，做如图 5-3-10 所示的设置。

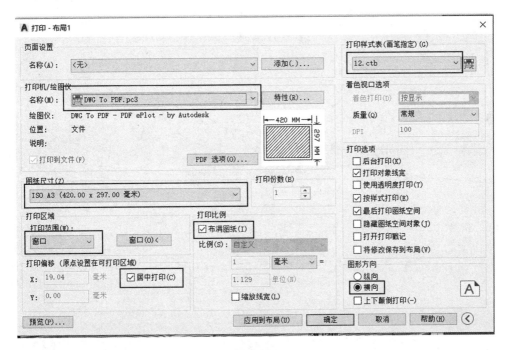

图 5-3-10

（8）通过"窗口"回到布局中，选择需要打印的部分，如图 5-3-11 所示，即可将需要的图纸打印出来，如图 5-3-12 所示。

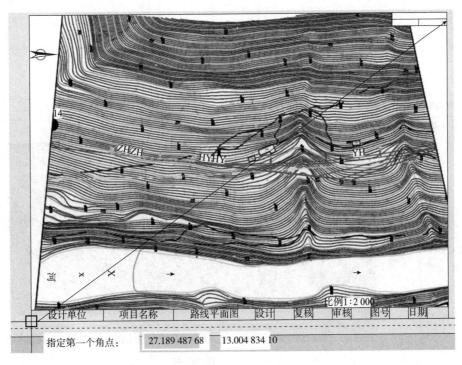

图 5-3-11

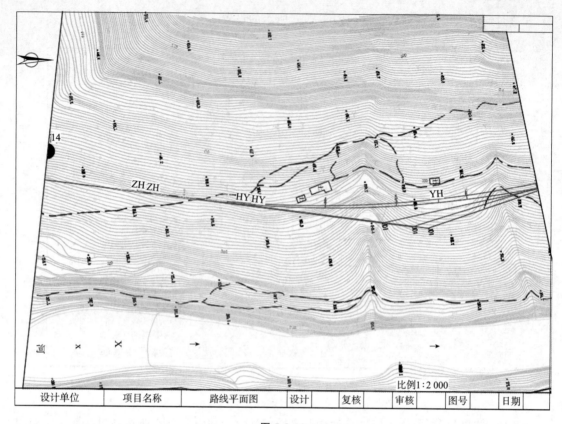

设计单位	项目名称	路线平面图	设计	复核	审核	图号	日期

图 5-3-12

![任务实施]

绘制互通式立交实施步骤见表 5-3-1。

表 5-3-1　绘制互通式立交实施步骤

序号	实施步骤	具体操作
1	创建图层	依据需求设置当前图层，如图 5-3-13 所示 图 5-3-13

序号	实施步骤	具体操作
2	恢复两条道路的设计中线	图层定义到道路设计中线层，便于在 CAD 中恢复两条相交道路的设计中线。 (1)中线线型设置。道路设计中线定义为点画线，通过线型加载命令，完成设计中线的线型设置，如图 5-3-14 所示。 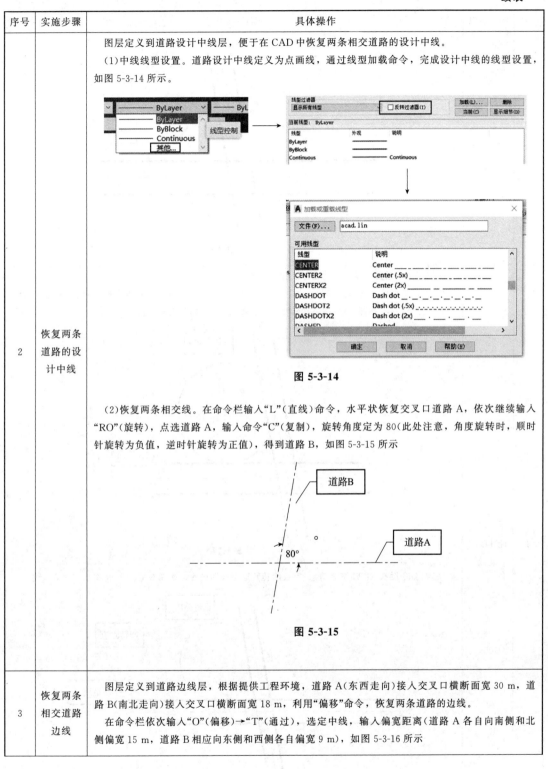 图 5-3-14 (2)恢复两条相交线。在命令栏输入"L"(直线)命令，水平状恢复交叉口道路 A，依次继续输入"RO"(旋转)，点选道路 A，输入命令"C"(复制)，旋转角度定为 80(此处注意，角度旋转时，顺时针旋转为负值，逆时针旋转为正值)，得到道路 B，如图 5-3-15 所示 道路B 道路A 80° 图 5-3-15
3	恢复两条相交道路边线	图层定义到道路边线层，根据提供工程环境，道路 A(东西走向)接入交叉口横断面宽 30 m，道路 B(南北走向)接入交叉口横断面宽 18 m，利用"偏移"命令，恢复两条道路的边线。 在命令栏依次输入"O"(偏移)→"T"(通过)，选定中线，输入偏宽距离(道路 A 各自向南侧和北侧偏宽 15 m，道路 B 相应向东侧和西侧各自偏宽 9 m)，如图 5-3-16 所示

续表

序号	实施步骤	具体操作
3	恢复两条相交道路边线	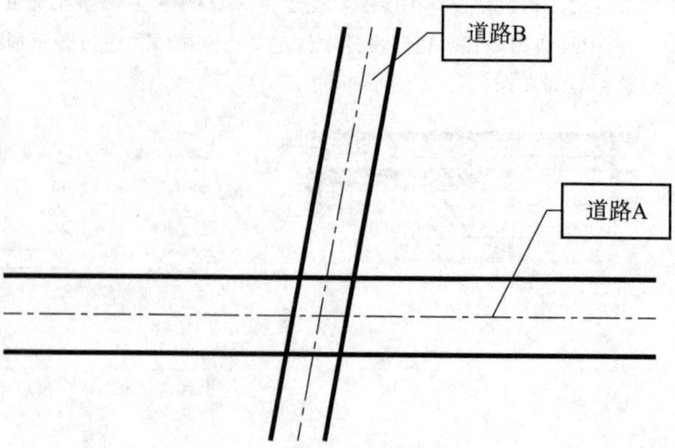 图 5-3-16
4	完成匝道设计线的设置	图层定义到道路中线层，完成各匝道的设计： (1)在命令栏输入“C”(绘制圆)→“T”(相切、相切、半径)，设定回转匝道所在路径(相切于道路A行车道外边线，道路B中线，回转匝道半径输入50)，如图5-3-17所示。 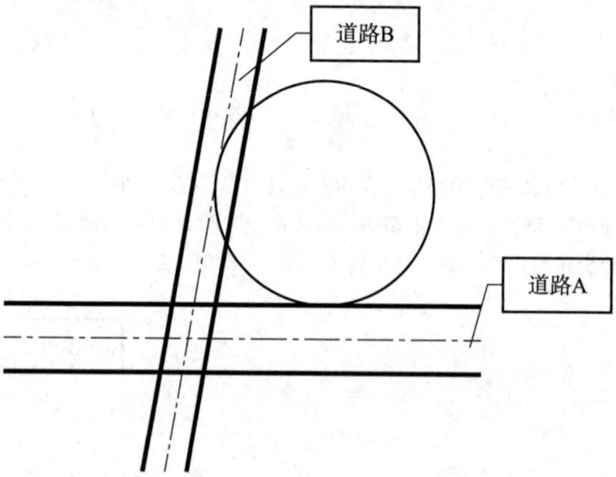 图 5-3-17 (2)在命令栏输入“TR”(修剪)，完成回转匝道中线的设置，如图5-3-18所示。 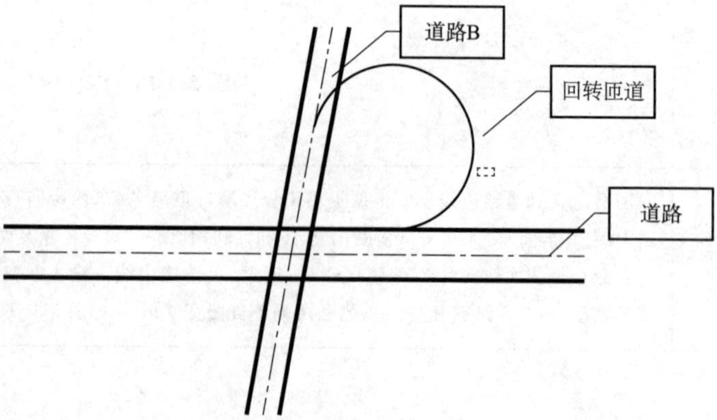 图 5-3-18

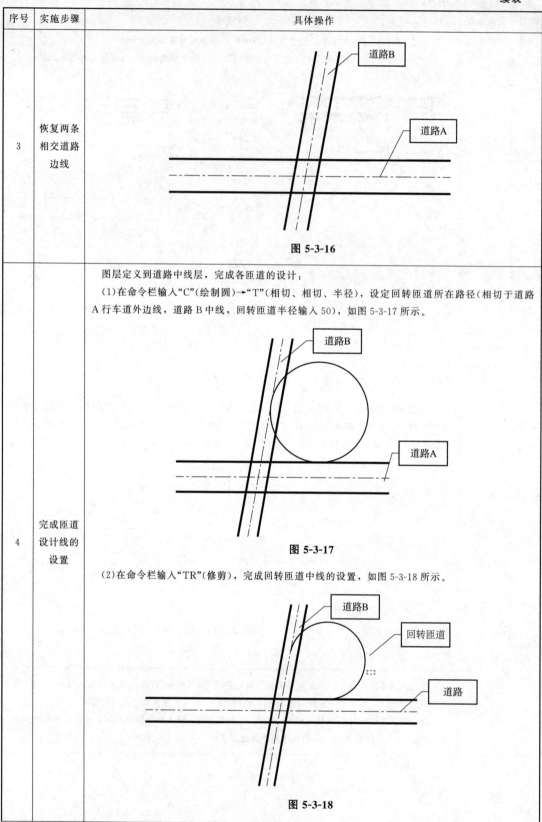

序号	实施步骤	具体操作
4	完成匝道设计线的设置	(3)同理，通过"C"(绘制圆)→"T"(相切、相切、半径)命令，设置完成各条右转匝道外边线所在路径(右转匝道半径均设定为90，注意观察各条匝道设置时与外边线相切的点)，如图5-3-19所示。 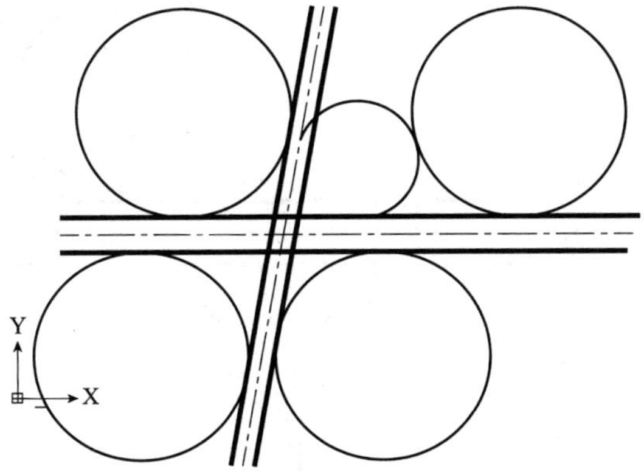 **图 5-3-19** (4)在命令栏输入"TR"(修剪)，完成各条右转匝道外边线的设置，如图5-3-20所示 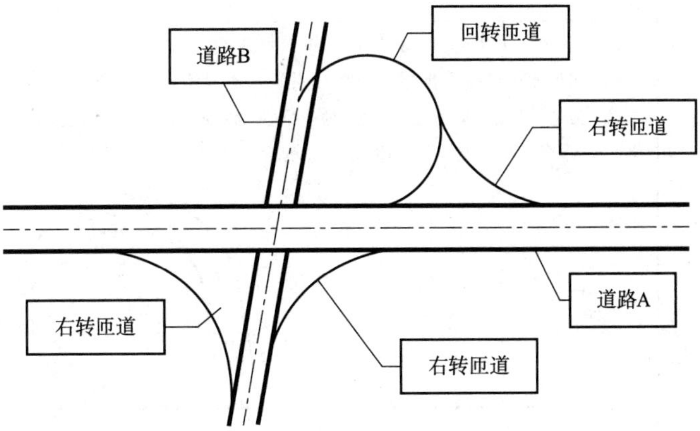 道路B　回转匝道　右转匝道　道路A　右转匝道　右转匝道 **图 5-3-20**
5	恢复各条匝道外边线	图层定义到道路边线层，完成各条匝道边线的偏移设计： (1)在命令栏依次输入"O"(偏移)→"T"(通过)，选定相应中线，并输入偏宽距离(匝道宽度为9 m，故各条右转匝道单侧偏宽9 m)，如图5-3-21所示。 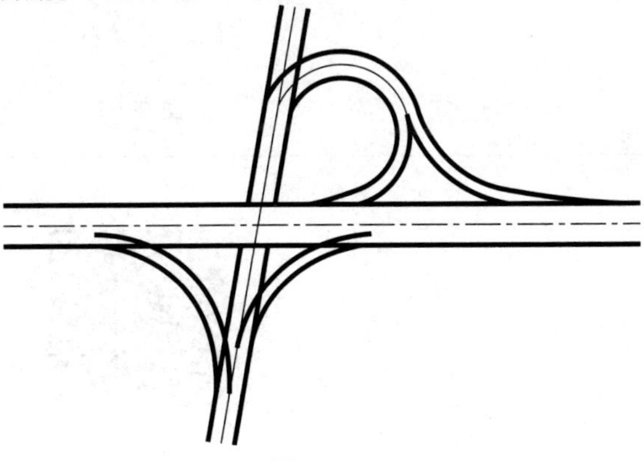 **图 5-3-21**

序号	实施步骤	具体操作
5	恢复各条匝道外边线	(2)在命令栏输入"TR"(修剪),完成各条匝道边线的设置,如图5-3-22所示 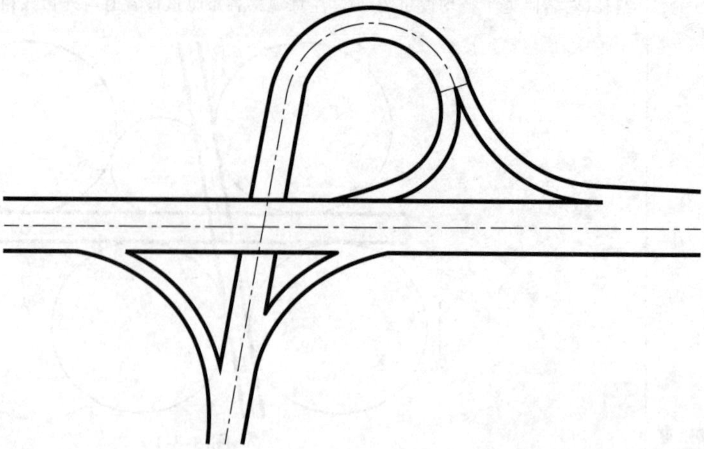 图 5-3-22
6	完成交叉口尺寸标注	图层定义到工程标注层,完成宽度及倒角的标注。 (1)打开标注样式管理器,将标注设置依次设置好,如图5-2-11所示。 (2)在菜单栏选择"标注"中的"对齐标注"命令,逐一完成两条相交道路宽度标注。最终完成该单喇叭立体交叉口布置图,如图5-3-23所示 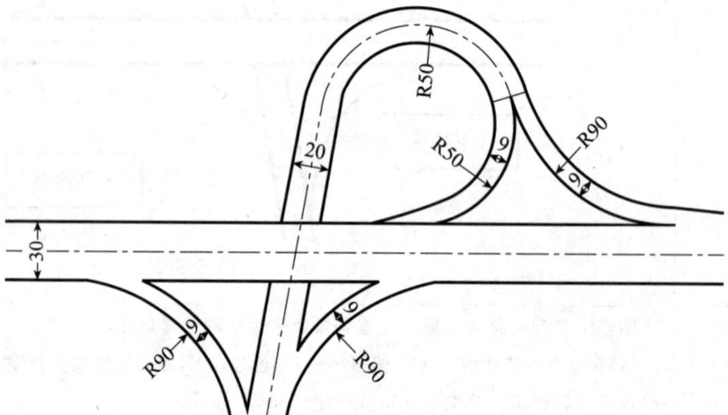 图 5-3-23
7	以上操作,可扫码观看教学演示视频,见二维码	

　　在立交平面图绘制的过程中，我们多次使用倒角命令完成各条匝道设计线与道路主线之间的相对位置确定的工作，同时使用偏移命令对主线及匝道进行边线的偏移。

　　同学们思考，除通过倒角完成匝道设计线与道路主线之间的相对位置确定外，还可以通过其他什么方法来完成匝道与道路主线的衔接工作？

◈ 任务训练

　　两条道路构成立体交叉，交角 70°，道路 A 上跨道路 B，道路 A(主线，东西走向)接入交叉口部分横断面宽 40 m，道路 B(南北走向)接入交叉口部分横断面宽 20 m。并且右转匝道宽度均为 12 m，回转匝道半径取 50 m；右转匝道半径取 90 m。

　　根据该位置地理条件，拟设置全苜蓿叶立交完成两条道路之间的交通转换。结合该工程环境，完成该立体交叉平面图的绘制，并完成任务单(表 5-3-2)。

表 5-3-2　任务工单——全苜蓿叶立交的绘制

本次课堂实践项目	全苜蓿叶立交的绘制
	班级：　　　　　　　　姓名：　　　　　　　　学号：
绘图前准备	
绘制方案	简单叙述绘图过程，以及所使用到的 AutoCAD 命令和功能：
成果	

评分（100 分）				
1	绘图前准备完善，错误一处扣 5 分，扣完为止		配分	得分
			10 分	
2	图纸绘制完整准确，错误一处扣 5 分，扣完为止		配分	
			50 分	
3	图线按照规范要求绘制，没有按照规范要求绘制，一处扣 5 分，扣完为止		配分	
			20 分	
4	图纸输出正确		配分	
			10 分	
5	30 分钟内完成该图纸，每超时 1 分钟扣 3 分		配分	
			10 分	
总分				
总结与反思				

观摩同组一位同学的成果，说说他绘图方案的优缺点，并对他的任务成果提出意见：

总结本次任务：

参 考 文 献

[1]　汪谷香. 道路工程制图与 CAD[M]. 北京：人民交通出版社，2016.
[2]　陈伟章. 如何识读路桥施工图[M]. 北京：机械工业出版社，2021.